Manual da
PERÍCIA FINANCEIRA

Anderson Fumaux

Manual da PERÍCIA FINANCEIRA

Freitas Bastos Editora

Copyright © 2021 by Anderson Fumaux

Todos os direitos reservados e protegidos pela Lei 9.610, de 19.2.1998. É proibida a reprodução total ou parcial, por quaisquer meios, bem como a produção de apostilas, sem autorização prévia, por escrito, da Editora.

Direitos exclusivos da edição e distribuição em língua portuguesa:

Maria Augusta Delgado Livraria, Distribuidora e Editora

Editor: *Isaac D. Abulafia*
Capa e Diagramação: *Jair Domingos de Sousa*

DADOS INTERNACIONAIS PARA CATALOGAÇÃO NA PUBLICAÇÃO (CIP)

F976m
    Fumaux, Anderson
    Manual da Perícia Financeira / Anderson Fumaux. - Rio de Janeiro,
RJ : Freitas Bastos, 2021.
    228 p. ; 23 cm.
    ISBN: 978-65-5675-002-6

    1. Contabilidade. 2. Perícia financeira. 3. Prova pericial financeira. 4. Direito. I. Título.
                    2020-791   CDD 657   CDU

Freitas Bastos Editora

atendimento@freitasbastos.com
www. freitasbastos.com

AGRADECIMENTOS

Após a publicação do meu primeiro livro, continuei com a sensação de que poderia contribuir ainda mais na área acadêmica escrevendo sobre um assunto mais desafiador: Perícia Financeira.

Sugeri o tema à Freitas Bastos, pois entendo que se trata de um segmento muito específico e peculiar da área de finanças, exigindo do profissional uma atuação mais abrangente, conjugando o conhecimento das formalidades inerentes a atuação pericial com o domínio técnico sobre o objeto de discussão.

Além disso, o campo de atuação da perícia financeira é mais extenso do que de outros segmentos da perícia, envolvendo profissionais da contabilidade, administração, economia e áreas correlatas.

Após a aprovação, começamos a escrever a obra com muito zelo e dedicação para que pudesse ser útil aos profissionais que atuam ou pretendem atuar na perícia financeira.

Aproveitando, desde já gostaria de agradecer a Freitas Bastos por mais uma vez acreditar no meu trabalho.

Também não poderia deixar de registrar alguns agradecimentos especiais:

Primeiramente a Deus por me abençoar e conceder sabedoria para escolher sempre o melhor caminho.

Aos meus pais que me nortearam com princípios e valores que guardo até hoje e nunca mediram esforços para me proporcionar a melhor educação possível.

A maior incentivadora que eu tenho, minha amada esposa, por sua cumplicidade, compreensão, vibração, carinho e motivação para que eu esteja sempre apto a exercer minha profissão com cada vez mais paixão.

Ao meu filho Enzo que chegará ao mundo em breve e já me inspira tanto.

Aos profissionais da perícia que gentilmente cederam seus trabalhos para serem compartilhados.

E por último, a todos os meus amigos e demais profissionais que me ajudam a me tornar um profissional e uma pessoa muito melhor.

PREFÁCIO

Perícia – expressão advinda do latim *peritia* – é um tipo de prova, e significa ciência, conhecimento, experiência, cultura, habilidade, saber.

Perícia é a prova especializada por excelência. Prova-se o fato e não o direito. Obtém-se com a perícia a verdade real dos fatos litigiosos.

O objeto da prova é o fato constitutivo do direito em razão do qual a pretensão é formulada.

Honrado estou pelo convite amável para prefaciar obra do Professor Anderson Fumaux Mendes de Oliveira, cuja temática é extremamente importante, útil e atual.

O eminente autor é contador, mestre em contabilidade, estudioso das Normas Internacionais de Contabilidade (IFRS), atua como perito contábil no Ministério Público do Rio de Janeiro, além de outras atuações.

O Livro Manual da Perícia Financeira, que surge em boa hora, traz tudo necessário para a produção da prova pericial financeira, que muito auxiliará os peritos e os assistentes técnicos nas perícias judiciais e extrajudiciais, constituindo-se em valioso instrumento de trabalho e fonte de pesquisa para estudantes, contadores, economistas, administradores, advogados e profissionais do Direito.

É de se ressaltar que o livro trata de assuntos que sempre estão sendo demandados pelos peritos e assistentes técnicos da área econômico-financeira, tais como, além de outros, matemática financeira aplicada à perícia; juros: conceito, regimes de capitalização; comissão de permanência; sistemas de amortização, enfim, tudo necessário para que o fato seja comprovado, e que sirva de fundamentação para a conclusão do Laudo Pericial.

Isto porque, quando a prova do fato depender de conhecimento técnico ou científico o juiz será assistido por perito.

Conquanto, não exista prevalência de um meio de prova sobre outro, a prova pericial financeira assume papel relevante nas ações cuja solução exige conhecimento técnico e especializado. Seu objetivo é suprir conhecimentos técnicos que o juiz, pela natureza deles, não tem ou, pelo menos, presume-se não tê-los, embora não fique o juiz adstrito, constrito ao laudo.

Em suma, este trabalho, de real valor, em razão da importante temática, pode atender aos interesses dos alunos, dos peritos, dos assistentes técnicos e profissionais do Direito.

Nossos efusivos cumprimentos ao autor, profissional de prestigio aonde vem atuando.

RIL MOURA
Professor da UFRJ e Conselheiro do CRCRJ

SUMÁRIO

1. Contextualização 1
2. Legislação Aplicada à Perícia Financeira 3
3. Matemática Financeira Aplicada à Perícia 6
4. Pontos a Serem Observados na Perícia Financeira 9
5. Juros: Conceito e Regimes de Capitalização................ 12
6. Juros Remuneratórios, Juros Moratórios e Multa Contratual .. 19
7. Comissão de Permanência 22
8. Taxas: Nominal, Efetiva, Real e Pro Rata 25
9. Impostos Sobre Operações Financeiras (IOF) e Custo Efetivo Total (CET) 30
10. Expurgos Inflacionários e Atualização Monetária........... 34
11. Sistemas de Amortização: Sistema de Amortização Constante (SAC), Sistema Francês de Amortização (Tabela Price), Sistema Misto e Sistema Sacre 42
12. Encargos Sobre Atraso.................................... 54
13. Juros de Acerto.. 56
14. Séries Não Periódicas 60
15. Sistema Financeiro de Habitação (SFH).................... 66
16. Método de Amortização a Juros Simples (MAJS)............. 73
17. Método Gauss... 76
18. Contratos de Crédito Direto ao Consumidor (CDC)......... 79
19. Cheque Especial e Conta Garantida 91
20. Cartão de Crédito....................................... 102

21. Desconto de Recebíveis............................. 114
22. Contratos de Leasing................................ 117
23. Exemplos de Decisões Judiciais....................... 125
24. Exemplos de Laudos Periciais 138

1 CONTEXTUALIZAÇÃO

As altas taxas de juros praticadas em diversas modalidades de crédito no Brasil nos últimos anos bem como a falta de transparência de diversas instituições na elaboração de contratos financeiros ocasionaram uma enxurrada de processos judiciais no país.

Devido à falta de conhecimento da maioria da população e da dificuldade do devedor em não dispor mais de recursos financeiros para quitar suas dívidas, passa a demandar o Poder Judiciário visando renegociar seu contrato.

Uma vez que o Brasil ainda pratica **uma das maiores taxas de juros reais do mundo**, os trabalhos periciais relacionados com contratos financeiros são cada vez mais requisitados.

Nesse sentido, para resolução de um litígio judicial envolvendo perícia financeira, abre-se a possibilidade de trabalho para pelo menos 03 profissionais:

Quadro ilustrativo – Profissionais envolvidos na perícia

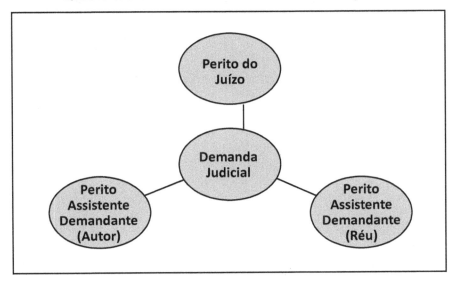

Fonte: Autor

> Onde:
>
> **Perito do juízo** é nomeado pelo juiz, árbitro, autoridade pública ou privada para exercício da perícia contábil (elabora o laudo pericial)
>
> **Perito assistente** é o contratado e indicado pela parte em perícias contábeis (elabora o parecer técnico).

Além disso, segundo o relatório anual do Conselho Nacional de Justiça (CNJ), ingressaram no ano de 2018 **cerca de 28 milhões de novos processos**.

Sem considerar os processos já existentes e **estimando um percentual hipotético de 5% de demandas que necessitariam de perícia**, estamos falando em um número aproximado de **1,4 milhões de perícias**.

Atualmente, existem cerca de 12.000 peritos atuantes na justiça brasileira, logo, obtém-se uma relação de **117 perícias em média para cada perito**.

Por fim, o que chama muita atenção nesse tipo de perícia é que profissionais de diversas áreas podem atuar em demandas judiciais envolvendo contratos financeiros, são eles:

- Administração
- Contabilidade
- Economia
- Cursos correlatos com as ciências econômicas e financeiras.

2 LEGISLAÇÃO APLICADA À PERÍCIA FINANCEIRA

Para que o perito realize seu trabalho com maior eficiência, é fundamental o conhecimento das normas jurídicas que embasam o trabalho pericial em contratos financeiros.

Embora a lista não seja exaustiva, apresentamos a seguir a legislação básica que deve ser conhecida pelo expert e aplicada a perícia financeira:

Decreto 22.626/33 (Lei de Usura)

Dispõe sobre os juros nos contratos e dá outras providências

Art. 4º. E proibido contar juros dos juros: esta proibição não compreende a acumulação de juros vencidos aos saldos líquidos em conta corrente de ano a ano.

Decretos nº 7.487/2011 e nº 8.392/2015

Regulamentam o Imposto sobre Operações de Crédito, Câmbio e Seguro, ou relativas a Títulos ou Valores Mobiliários – IOF.

Lei nº 5.172/1966 (Código Tributário)

Artigo 161 (Dispõe sobre os juros de mora)

O crédito não integralmente pago no vencimento é acrescido de juros de mora, seja qual for o motivo determinante da falta, sem prejuízo da imposição das penalidades cabíveis e da aplicação de quaisquer medidas de garantia previstas nesta Lei ou em lei tributária.

§ 1º Se a lei não dispuser de modo diverso, os juros de mora são calculados à taxa de um por cento ao mês.

§ 2º O disposto neste artigo não se aplica na pendência de consulta formulada pelo devedor dentro do prazo legal para pagamento do crédito.

Lei nº 8.078/1990 (Código do Consumidor) – Artigo 352

§ 1º As multas de mora decorrentes do inadimplemento de obrigações no seu termo não poderão ser superiores a dois por cento do valor da prestação.

Lei nº 10.406/2002 (Código Civil) – Artigo 354

Dispõe que, havendo capital e juros, o pagamento imputar-se-á primeiro nos juros vencidos, e depois no capital.

Lei nº 10.406/2002 (Código Civil) – Artigos 406 e 591

Dispõem sobre a ausência de juros estipulados em contrato e possibilidade de capitalização anual.

Art. 406. Quando os juros moratórios não forem convencionados, ou o forem sem taxa estipulada, ou quando provierem de determinação da lei, serão fixados segundo a taxa que estiver em vigor para a mora do pagamento de impostos devidos à Fazenda Nacional.

Art. 591. Destinando-se o mútuo a fins econômicos, presumem-se devidos juros, os quais, sob pena de redução, não poderão exceder a taxa a que se refere o art. 406, permitida a capitalização anual.

MP 1.963-17/2000 (atual MP 2.170-36-2001)

Dispõe que nas operações realizadas pelas instituições integrantes do Sistema Financeiro Nacional, é admissível a capitalização de juros com periodicidade inferior a um ano.

NBC TP 01 – Perícia Contábil

Regras e procedimentos técnicos a serem observados pelo perito, quando da elaboração de perícia contábil.

NBC PP 01 – Perito Contábil

Procedimentos inerentes à atuação do contador na condição de perito

Resolução nº 1.064/1985 do BACEN

Dispõe que as operações ativas dos bancos comerciais, de investimento e de desenvolvimento serão realizadas a taxas de juros livremente pactuáveis.

Resoluções nº 2.309/1996 e nº 4.696/2018 do BACEN

Disciplina e consolida as normas relativas às operações de arrendamento mercantil.

Súmula 382 do STJ

Define que a estipulação de juros remuneratórios superiores a 12% ao ano, por si só, não caracteriza abuso.

Súmula 472 do STJ

Dispõe que é possível a cobrança de comissão de permanência durante o período da inadimplência, à taxa média de juros do mercado, limitada ao percentual previsto no contrato, e desde que não cumulada com outros encargos moratórios.

Súmula 530 do STJ

Dispõe que, nos contratos bancários, na impossibilidade de comprovar a taxa de juros efetivamente contratada aplica-se a taxa média de mercado, divulgada pelo BACEN, praticada nas operações da mesma espécie, salvo se a taxa cobrada for mais vantajosa para o devedor.

Súmula 596 do STF

Dispõe que as disposições do Decreto 22.626/1933 não se aplicam às taxas de juros e aos outros encargos cobrados nas operações realizadas por instituições que integram o Sistema Financeiro Nacional.

3 MATEMÁTICA FINANCEIRA APLICADA À PERÍCIA

A Perícia Financeira é um **meio de prova produzida por perito**, em auxílio do juízo ou da parte interessada, cuja realidade dos fatos é esclarecida com base no estabelecido no campo do **conhecimento da matemática financeira**.

A Produção de Prova Pericial Financeira é normalmente requerida e deferida em demandas que discutem operações realizadas com:

- Cartões de Crédito
- Conta Corrente Bancária (Empréstimos, Financiamentos e Cheques Especiais)
- Crédito Imobiliário
- Arrendamento Mercantil (*Leasing*)
- Descontos de Recebíveis e *Factoring*
- Expurgos Inflacionários praticados em Remuneração de Aplicações Financeiras, tais como: Poupança, Renda Fixa, entre outras.

3.1. TERMOS UTILIZADOS NA PERÍCIA FINANCEIRA

Seguem abaixo os termos mais utilizados em contratos financeiros, os quais podem ser objetos de perícia:

Mútuo Financeiro: É o contrato celebrado pelas partes (devedor e credor), onde estão estabelecidas as premissas matemáticas, entre outras obrigações e direitos

Agente Econômico: Qualquer pessoa física ou jurídica capaz de praticar ato econômico. São as partes que firmaram o mútuo (Tomador-devedor e Instituição Financeira-credora)

3 – Matemática Financeira Aplicada à Perícia

Capital Emprestado: É o principal ou o capital nominal tomado emprestado, ou seja, é o ativo expresso monetariamente no início da operação financeira

Capital Financiado: É o principal tomado emprestado mais os encargos acessórios (IOF, Tarifas etc.)

Juro: É o que se paga pela utilização do capital de terceiros. É o aluguel que o tomador-devedor paga ao agente financeiro-credor, por tê-lo privado de se utilizar do seu próprio dinheiro

Montante: É a soma do capital e juro. É o valor futuro a ser resgatada em uma aplicação financeira

Prestação: É a soma da amortização mais os juros do período. É através das prestações que se devolve o capital tomado emprestado, com juros e dentro do prazo contratado

Amortização: É o pagamento total ou parcial do capital tomado emprestado

Amortização Negativa: É a parcela de juros vencidos e não pagos

Saldo Devedor: É o capital puro financiado e devido

Capitalização: É o ato ou efeito de se transformar juros em capital. Ou seja, é o ato de se agregar ao capital a parcela de juros vencida

Taxa de Juro: É o preço do dinheiro, do capital tomado emprestado, normalmente dado em percentual

Fator de Capitalização: É uma expressão matemática que multiplicada ao capital determina o montante da operação financeira

Correção Monetária: Consiste na manutenção do poder aquisitivo da moeda, em razão da inflação incorrida em um determinado período

Método de Cálculo de Juros: Consiste na forma de como se calculam os juros.

Sistema de Amortização de Dívida: É o processo matemático que uma vez eleito pelas partes contratantes irá determinar o valor da prestação que, por sua vez, será capaz de amortizar e pagar os juros periodicamente

Regime Financeiro de Capitalização: É a maneira pela qual os juros são formados: Se Simples ou Compostos

Valor Presente: É o valor de uma operação financeira na data presente

Valor Futuro: É o valor de uma operação financeira em qualquer data compreendida entre a data presente e o vencimento da operação

Carência: É o intervalo de tempo onde o devedor fica autorizado pelo credor de nada pagar ou pagar apenas os juros daquele período.

4 PONTOS A SEREM OBSERVADOS NA PERÍCIA FINANCEIRA

O objetivo da prova pericial é <u>esclarecer a realidade dos fatos alegados</u>. **Prova-se os fatos e não o direito**, porque esse de regra é do conhecimento do juízo.

A prova do fato é da maior relevância para que o direito seja reconhecido pelo juiz.

Nesse sentido, são elementos essenciais para o resultado satisfatório do trabalho pericial:

- Bom entendimento dos fatos que ensejaram o ajuizamento da demanda e do deferimento da prova pericial
- Atendimento ao lapso temporal da perícia a ser realizada
- Profundo conhecimento da matéria técnica que se relaciona com os fatos em apuração ou discussão
- Atendimento aos quesitos no estrito campo do que lhe foi perguntado
- Elaboração dos cálculos em conformidade com as cláusulas do contrato
- Apresentação do seu trabalho (laudo ou parecer) ao magistrado e/ou ao contratante com clareza e simplicidade, revelando se forem necessárias as eventuais diferenças encontradas entre as partes.

4.1. PRINCIPAIS DEMANDAS EM PERÍCIAS FINANCEIRAS

As principais demandas envolvendo perícias financeiras nos processos judiciais são:

Percentual de juros (taxa de juros)

A taxa de juros estabelecida em um contrato pode ser objeto de discussão no processo judicial, muitas vezes pela alegação ou pelo questionamento de sua abusividade.

Nesses casos, será necessário o estudo técnico da perícia financeira para realizar cálculos dos percentuais de juros efetivos cobrados, com a possibilidade de comparação com os percentuais contratados, além da elaboração de eventuais demonstrativos para o confronto com taxas de juros de mercado ou ainda com outros parâmetros solicitados.

Incidência da taxa de juros

São recorrentes em processos judiciais que envolvem operações de crédito as discussões sobre a incidência dos juros, na forma simples ou composta.

Nesse caso, é necessária a aplicação de conhecimentos técnicos da matemática financeira, abordando inclusive a análise de planos de pagamentos e sistemas de amortização, bem como de seus reflexos e resultados, mesmo nos instrumentos contratuais em que não esteja definido de forma clara qual a sistemática de cálculo.

Cabe ressaltar que uma perícia financeira nunca deve simplesmente afirmar que a operação é desenvolvida com uma sistemática ou outra, devendo sempre comprovar tecnicamente tal situação.

Índice de correção de valores

Além das questões técnicas envolvendo os juros nas operações de crédito, os indexadores, utilizados para a correção de valores, são muitas vezes objeto de debate nos processos judiciais.

Os peritos atuantes nesses casos acabam analisando metodologias, variações, evoluções de percentuais de índices como TR, INPC e IGP-M, ou ainda, índices de aumento de salário mínimo, variação cambial, entre outros.

Em qualquer situação, as verificações técnicas sobre índices de atualização representam a aplicação de conhecimentos especiais e indicam a necessidade de preparação de cálculos e planilhas, sem emitir opinião sobre a legalidade ou ilegalidade de determinado índice.

4 – Pontos a Serem Observados na Perícia Financeira

Liquidação de sentença

Em diversos processos judiciais já sentenciados, ocorre a nomeação de um perito judicial para realizar os cálculos para chegar-se ao resultado da condenação, apurando o valor total devido em data específica, considerando a aplicação dos critérios definidos judicialmente (elaboração de cálculos para a liquidação de sentença).

Nessa situação, o expert não pode alterar qualquer aspecto determinado pelo magistrado, seja incluindo, seja retirando algum critério definido. Ou seja, perito não poderá emitir opinião pessoal sobre a sentença, não cabendo ao profissional escolhido concordar ou não com a decisão, mas apenas realizar os cálculos necessários para a finalização da sentença.

4.2. QUESITOS A SEREM OBSERVADOS COM CUIDADO PELO PERITO

Alguns quesitos devem ser respondidos com cautela por se referirem a situações que extrapolam a atribuição do perito. Seguem alguns exemplos:

Queira o Sr. perito informar se é aplicável as Instituições Financeiras a Lei de Usura.

Exemplo de Resposta: Tendo em vista que o quesito formulado remete a perícia a opinar em matéria que transcende o seu campo de especialização, a resposta está prejudicada.

Queira o Sr. Perito informar se há qualquer ilegalidade em algum dos encargos ajustados contratualmente.

Exemplo de Resposta: O referido quesito se encontra prejudicado, pois a questão de direito é matéria de decisão exclusiva do juízo.

Queira o Sr. Perito informar se houve a cobrança ilegal de juros – Anatocismo

Exemplo de Resposta: No ponto de vista do Perito, nada a manifestar, visto que carece de decisão judicial.

Queira o Sr. Perito informar se a taxa de juros cobrada é abusiva.

Exemplo de Resposta: Quanto à taxa de juros ser considerada abusiva, este Perito deixa de se manifestar por entender que carece de decisão judicial específica. Entretanto, segue em anexo lista divulgada pelo Banco Central com as taxas praticadas pelas instituições financeiras relativas a tal operação de crédito.

5 JUROS: CONCEITO E REGIMES DE CAPITALIZAÇÃO

Em linhas gerais, os juros podem ser definidos como a remuneração paga pelos tomadores de recursos aos poupadores ou aos agentes intermediários (sistema bancário) pela privação da utilização do capital por parte do investidor, sendo representados por uma "taxa de juros".

Para a formação dessa taxa de juros, os seguintes aspectos devem ser levados em consideração:

Risco: Probabilidade de o tomador do empréstimo não resgatar o dinheiro
Despesas: Todos os gastos operacionais, contratuais e tributários para a formalização do empréstimo e a efetivação da cobrança
Inflação: Índice de desvalorização do poder aquisitivo da moeda previsto no prazo do empréstimo
Lucro: Ganho fixado em função das demais oportunidades de investimentos (custo de oportunidade).

Os juros, normalmente, são cobrados pela obtenção de financiamentos e empréstimos.

5.1. FINANCIAMENTO X EMPRÉSTIMO

Uma operação de financiamento é o ato de adiantar dinheiro (sem entregá-lo em espécie) para que alguém adquira um bem ou um direito e possa realizar o pagamento a prazo ou em prestações. Nesse caso, é uma forma de antecipação de consumo ou investimento em face de ausência de disponibilidade imediata.

Entretanto, também pode ser considerado financiamento o prazo que as empresas comerciais, industriais e prestadoras de serviços oferecem aos seus clientes para pagamento de suas compras.

5 – Juros: Conceito e Regimes de Capitalização

Uma operação de empréstimo é o ato de conceder "dinheiro vivo", em espécie ou mediante crédito em conta corrente para que alguém o gaste da forma de quiser.

É muito comum que as empresas industriais e comerciais recorram ao empréstimo para capital de giro chamado "conta garantida", também conhecido como "cheque especial da empresa". Em casos como esses, normalmente as empresas oferecem como garantia aos empréstimos: "cheques de terceiros", "duplicatas a receber", "notas promissórias", dentre outros.

5.2. REGIMES DE CAPITALIZAÇÃO

É a maneira pela qual os juros são somados ao capital (capitalização simples e capitalização composta).

Se a **capitalização for simples** e o contrato tiver o seu vencimento em quantidade de meses inferior a 1 ano, os juros serão somados ao capital no dia da liquidação do contrato.

Caso o contrato seja superior a 1 ano, é permitido por lei a "capitalização anual dos juros", ou seja, os juros poderão ser somados ao capital a cada 12 meses.

Exemplo:

Valor Emprestado: R$ 1.000,00

Taxa de juros: 1% ao mês

Prazo: 19 meses

Regime de capitalização: simples

Pede-se calcular o valor a pagar no 19º mês

Juros simples: C x i x n

Cálculos:

a) Capitalização simples no primeiro ano: R$ 1.000,00 x 0,01 x 12 = (**R$ 120,00 de juros**)
b) Novo capital: R$ 1.000,00 + R$ 120,00 = R$ 1.120,00
c) Novo cálculo de juros pelos 7 meses faltantes: R$ 1.120,00 x 7 x 0,01 (**R$ 78,40 de juros**)
d) Valor a pagar no 19º mês: R$ 1.120,00 + R$ 78,40 = R$ 1.198,40
e) Total de juros: **R$ 198,40**

PERÍODO	BASE DE CÁLCULO	JUROS MÊS	JUROS ACUMULADOS
0	1.000,00	0,00	0,00
1	1.000,00	10,00	10,00
2	1.000,00	10,00	20,00
3	1.000,00	10,00	30,00
4	1.000,00	10,00	40,00
5	1.000,00	10,00	50,00
6	1.000,00	10,00	60,00
7	1.000,00	10,00	70,00
8	1.000,00	10,00	80,00
9	1.000,00	10,00	90,00
10	1.000,00	10,00	100,00
11	1.000,00	10,00	110,00
12	1.000,00	10,00	120,00
13	1.120,00	11,20	131,20
14	1.120,00	11,20	142,40
15	1.120,00	11,20	153,60
16	1.120,00	11,20	164,80
17	1.120,00	11,20	176,00
18	1.120,00	11,20	187,20
19	1.120,00	11,20	**198,40**

Se a **capitalização for composta mensalmente,** os juros aplicados em cada mês serão somados ao capital precedente e, sobre ele, novos juros serão calculados e assim sucessivamente até o 19º mês do contrato:

Exemplo:

Valor Emprestado: R$ 1.000,00

Taxa de juros: 1% ao mês

Prazo: 19 meses

Regime de capitalização: composta mensalmente

Pede-se calcular o valor a pagar no 19º mês

Juros Compostos: $C \times [(1+i)^n - 1]$

5 – Juros: Conceito e Regimes de Capitalização

a) R$ 1.000,00 x $(1 + 0{,}01)^{19}$ = R$ 1.000,00 x 1,20811 = **R$ 1.208,11**

b) Total de juros: **R$ 208,11**

PERÍODO	BASE DE CÁLCULO	JUROS MÊS	JUROS ACUMULADOS
0	1.000,00		
1	1.000,00	10,00	10,00
2	1.010,00	10,10	20,10
3	1.020,10	10,20	30,30
4	1.030,30	10,30	40,60
5	1.040,60	10,41	51,01
6	1.051,01	10,51	61,52
7	1.061,52	10,62	72,14
8	1.072,14	10,72	82,86
9	1.082,86	10,83	93,69
10	1.093,69	10,94	104,62
11	1.104,62	11,05	115,67
12	1.115,67	11,16	126,83
13	1.126,83	11,27	138,09
14	1.138,09	11,38	149,47
15	1.149,47	11,49	160,97
16	1.160,97	11,61	172,58
17	1.172,58	11,73	184,30
18	1.184,30	11,84	196,15
19	1.196,15	11,96	**208,11**

Na HP:

1.000	PV
1	i
19	n
FV	- 1.208,11
Enter	
1.000	+

> **IMPORTANTE**
>
> O critério adotado pelo Judiciário quando não há disposição clara em contrato é a <u>aplicação do regime de capitalização simples</u>.
>
> Ou seja, na ausência de cláusula contratual que fixe e fundamente que os juros serão cobrados de forma composta, **aplicam-se juros simples e a capitalização só poderá ocorrer de ano em ano**.
>
> Entretanto, a Justiça admite a **utilização da capitalização composta para juros remuneratórios** caso esteja descrito em contrato e suportado por Resolução do Banco Central do Brasil.
>
> Em relação aos **juros moratórios**, será utilizada a **capitalização simples**.

5.3. ANATOCISMO

Observou-se que na capitalização composta **ocorre o reinvestimento dos juros ganhos como se fossem um novo capital** que, a partir do momento em que são aplicados, novos juros lhe são devidos. Neste caso, os juros são reinvestidos a cada novo período de acumulação que na maioria dos casos está em mês.

Ou seja, **sob a ótica do investidor**, os juros não pagos pelo devedor representam novo investimento de capital e sobre este novo capital direito a mais juros e assim por diante. E **sobre a ótica do devedor?** Não deveria ser a mesma lógica?

Há muito se tem discutido, no âmbito judicial, **acerca da legalidade ou da ilegalidade da cobrança de juros nos mais diversos tipos de contratos.**

A alegação da defesa dos devedores é que as taxas exorbitantes praticadas de forma composta, **caracterizam a figura jurídica do Anatocismo (repetição de juros)** e utilizam a Lei da Usura para reforçar o seu entendimento:

> **Lei da Usura Decreto nº 22.626 de 07 de Abril de 1933**
>
> Artigo 4º: É proibido contar juros dos juros: esta proibição não compreende a acumulação de juros vencidos aos saldos líquidos em conta corrente de ano a ano.

5 – Juros: Conceito e Regimes de Capitalização

Ou seja, por esse entendimento, os juros não pagos na data de aniversário da conta, embora representem uma situação que fere os termos do contrato, não gerariam o direito dos credores de transformar estes juros em mais capital emprestado e sobre ele calcular novos juros.

Entretanto, as instituições financeiras entendem que a decisão de não pagar por parte do devedor, retira a disponibilidade que teria na data contratada e, por consequência, impede-o de consumir ou reaplicar esta renda, logo, **a capitalização composta dos juros na data de aniversário é procedimento correto e necessário.**

Dessa forma, se a capitalização dos juros não é anatocismo, o que é então?

Segundo alguns profissionais, anatocismo é a situação em que juros são cobrados ou sobrepostos a outros juros **calculados sobre o mesmo capital,** ainda que esteja em conformidade com o contrato.

Por exemplo, imagine um contrato que prevê o pagamento de juros de 2% ao mês sempre que o devedor efetuar o pagamento à vista na data do débito e, em outra cláusula, prevê que, caso não sejam pagos na data estipulada, os juros serão calculados e debitados no percentual de 3%.

Neste caso, para esta corrente, esta situação configura o ANATOCISMO, pois estarão sendo cobrados juros remuneratórios de 2% junto com moratórios de 1%, ambos contratuais, **mas incidindo sobre a mesma base.**

Para outros profissionais, ANATOCISMO é a incidência de **juros sobre juros vencidos e não pagos, em um prazo inferior a 12 meses**, independentemente do regime de capitalização utilizado (simples ou composto) e forma de pagamento (uma vez só ou parcelada)

Ou seja, ele só seria caracterizado caso após o vencimento da operação, fosse cobrado juros sobre os juros vencidos e não pagos (em um período inferior a 12 meses).

> **OPINIÃO DO AUTOR**
>
> Embora existam sentenças judiciais diversas sobre o assunto, o entendimento mais atual é de que o Anatocismo ocorre quando os juros não pagos se incorporam ao saldo devedor.
>
> Nesse sentido, em caso de pagamentos parciais, se o valor desembolsado for suficiente para pagar pelo menos os juros, não há que se falar em anatocismo.

6 JUROS REMUNERATÓRIOS, JUROS MORATÓRIOS E MULTA CONTRATUAL

Inicialmente, o perito deve saber claramente a diferença entre **juros remuneratórios, juros moratórios e multa contratual.**

Os **juros remuneratórios**, também conhecidos como "Juros Contratuais", são aqueles devidos ao credor para **remunerar** o empréstimo do capital na forma de empréstimo ou financiamento e decorrem de contrato, convênio, lei ou sentença.

Na cobrança de juros remuneratórios utiliza-se **capitalização composta.**

> **IMPORTANTE**
>
> A edição da MP nº 1.963-17/2000 reeditada sob o nº 2.170-36/2001 permitiu as instituições financeiras a **capitalização mensal dos juros remuneratórios desde que expressamente pactuada.**
>
> O STJ aprovou a Súmula 382 que define que a estipulação de juros **remuneratórios superiores a 12% ao ano**, por si só, não caracteriza abuso.
>
> De acordo com a Súmula 530 do STJ, nos contratos bancários, na impossibilidade de comprovar a taxa de juros efetivamente contratada — por ausência de pactuação ou pela falta de juntada do instrumento aos autos —, aplica-se a taxa média de mercado, divulgada pelo Banco Central, praticada nas operações da mesma espécie, salvo se a taxa cobrada for mais vantajosa para o devedor.

Já os **juros moratórios** são aqueles decorrentes do atraso culposo do devedor do cumprimento da obrigação, ou seja, **pelo não pagamento da dívida na data de vencimento estipulada.**

Para a cobrança de juros moratórios utiliza-se a **capitalização simples.**

> **IMPORTANTE**
>
> Nos termos do art. 406 do CC/2002 combinada com o art. 161, §1º do Código Tributário Nacional, a partir de 11.01.2003, a cobrança de juros moratórios passou a ser de **1%** ao mês <u>**sempre de forma linear**</u>.
>
> O período da cobrança pode incidir sobre: I – todo período de inadimplência; II – desde a data da citação inicial (mais comum) ou III – de acordo com a decisão da sentença judicial.
>
> No caso de crédito rural, é vedada a cobrança de juros moratórios em percentual **superior a 1% ao ano.**
>
> **ORIENTAÇÃO TÉCNICA**
>
> A aplicação das taxas de juros adotadas pelas instituições financeiras, tanto **remuneratórios quanto os moratórios**, bem como os regimes de capitalização encontrados, têm sido matéria de muita discussão nos tribunais.
>
> Nesse sentido, o profissional não poderá manifestar opinião pessoal por se tratar de matéria jurídica devendo apresentar o seu laudo pericial atendendo ao que foi quesitado ou determinado em sentença.

Por fim, a **multa contratual**, também conhecida como "multa de mora" é toda quantia (geralmente expressa em percentual de 2% ou 10%) que o credor entende ser seu direito, por força contratual, quando o devedor, em face de sua inadimplência, dá causa à quebra do contrato.

O Código de Defesa do Consumidor estabelece que as multas por atraso no pagamento de prestações referentes a relações de consumo não podem superar a 2% do valor da prestação mensal.

Entretanto, a grande discussão reside exatamente em como definir o que são relações de consumo e o que não são.

6 – Juros Remuneratórios, Juros Moratórios e Multa Contratual

> **OBSERVAÇÕES IMPORTANTES**
>
> A multa contratual:
>
> – Deve ter como base de cálculo o total devido **composto de principal, juros e atualização monetária.**
>
> – Não incide sobre os juros moratórios.
>
> - Corresponde a um percentual único independentemente dos dias de mora.

Exemplo:

Parcela vencida: R$ 23.000,00

Juros de mora: 1% ao mês

Multa contratual: 2%

Dias vencidos: 15

Juros de mora: 1%/30 x 15 x R$ 23.000,00 = 115,00

Multa contratual: 2% x R$ 23.000,00 = 460,00

7 COMISSÃO DE PERMANÊNCIA

São **facultadas** às instituições financeiras cobrarem de seus devedores por <u>dia de atraso no pagamento ou na liquidação de seus débitos</u>, a **comissão de permanência**, que será calculada às mesmas taxas pactuadas no contrato original ou à taxa de mercado do dia do pagamento.

Trata-se de um acréscimo percentual ao valor devido em face do tempo decorrido da data do vencimento à data do efetivo pagamento da dívida, visando remunerar o capital que, se tivesse sido recebido na data pactuada, poderia ser reaplicado no mercado às taxas correntes.

A legislação não permite a cobrança da comissão de permanência cumulativamente com os juros remuneratórios, moratórios e multa contratual, **pois a cobrança da comissão incide sobre o valor atualizado da dívida.**

De acordo com a súmula 472 do STJ, a cobrança de comissão de permanência, além de não pode ultrapassar a soma dos encargos remuneratórios e moratórios estabelecidos no contrato, exclui a exigência de juros remuneratórios, moratórios e da multa contratual.

O problema é que a Comissão de Permanência cobrada pelas instituições financeiras nem sempre está especificada no contrato, pois os bancos se reservam o direito de cobrar o correspondente à maior taxa que estiver sendo praticada no mercado interbancário no dia do pagamento ou no dia do cálculo.

Tendo em vista que os bancos costumam apresentar nos processos judiciais seus cálculos em valores absolutos, ou seja, não especificando o valor relativo aplicado sobre a base de cálculo, os magistrados e advogados frequentemente solicitam ao perito que realizam os cálculos com o percentual cobrado.

7 – Comissão de Permanência

Exemplo:
Valor da dívida ou base de cálculo: R$ 37.580,03
Valor da comissão de permanência cobrado: R$ 1.189,54
Dias de atraso: 21
Calcular a taxa de comissão de permanência cobrada:

Primeiro passo:
Somar o valor da dívida com a cobrança de comissão de permanência
Soma debitada: R$ 38.769,57

Segundo passo:
Utilizando a HP

37.580,03	CHS PV
38.769,57	FV
21	n
i	**0,1485 (0,1485% a.d.)**
0,1485	Enter
100	/
0,0015	
0,0015	Enter
1	+
1,0015	Enter
30	x^y
1,0455	**(A taxa cobrada foi de 4,55% a.m.)**

Ou:

$\dfrac{38.769,57}{37.580,03} = 1,03165351$

Logo, a taxa de juros durante 21 dias foi de **3,165%**

Como transformar para mês?

Passo 1:
Descapitaliza para 1 dia:

$(1,03165351)^{1/21} = 1,001485$ **(0,1485% a.d.)**

Passo 2:

Capitaliza para 30 dias:

$(1,0014851)^{30} = 1,0455$ (**4,55% a.m.**)

Outra forma de achar a taxa mensal direto é aplicando a seguinte fórmula:

$(1,03165351)^{30/21} = 1,0455$ (**4,55% a.m.**)

8 TAXAS: NOMINAL, EFETIVA, REAL E PRO RATA

É de suma importância também que o perito saiba claramente a diferença entre **taxa de juros nominal** e **taxa de juros efetiva**, bem como os conceitos de **taxa real** e *pro rata*.

8.1. TAXA NOMINAL

A **taxa nominal** é a taxa de juro **acordada em contrato** que se acrescentará às prestações de um empréstimo.

Esta taxa geralmente é expressa em períodos de **incorporação dos juros que não coincide com aquele que a taxa está se referindo**. A taxa nominal possui **capitalização simples**.

Ou seja, para ser nominal, a sua configuração anual deve corresponder a uma taxa mensal não capitalizada.

Exemplo:

Qual a taxa nominal mensal de uma taxa nominal de 60% ao ano?

A resposta é 5% ao mês, ou seja, 60% dividida por 12 meses.

8.2. TAXA EFETIVA

Entende-se por **taxa efetiva** de juros a que corresponde à taxa nominal mensal, capitalizada mensalmente.

Por exemplo, uma taxa nominal de 12% ao ano com capitalização mensal gera uma taxa nominal de 1% ao mês.

Como a aplicação desse percentual é feita mês a mês, juro sobre juro, a taxa efetiva total, no final de um ano, não será mais os 12% contratados, e sim 12,68%, conforme cálculo abaixo:

Taxa de juros nominal ano: 12%

Taxa de juros nominal mês: 1% (12% / 12)

Taxa de juros efetiva ano: $(1,01)^{12} - 1 = 0,12682503$ (**12,68% a.a.**)

Na HP:

1.01 Enter

12 y^x

1,12682503

Para converter a taxa efetiva anual para taxa nominal mês basta realizar o processo de descapitalização da taxa:

Taxa de juros nominal mês: $(1,12682503)^{1/12} - 1 = 0,01$

Na HP:

1.12682503 Enter

12 1/x

y^x 1,01

CONCLUSÃO

Logo, a taxa efetiva sempre é maior que a taxa nominal, pois, pelo conceito matemático que a rege, corresponde à capitalização de uma taxa nominal dividida por "n" períodos.

Pode-se dizer, portanto, que a Taxa Efetiva é o percentual de rentabilidade final (efetiva) de um investimento ou o custo final (efetivo) de um empréstimo.

IMPORTANTE

Considerando que a grande maioria dos contratos financeiros menciona a taxa nominal e cita, em seguida, o sistema de capitalização, para conhecer a taxa efetiva, é necessário que o perito a calcule.

Mesmo quando se tratar de contratos que mencionam as duas taxas, a nominal e a efetiva, é sempre conveniente que o perito certifique a taxa efetiva recalculando-a.

A menção da taxa efetiva nos contratos de empréstimos passou a ser obrigatória, ou seja, qualquer tipo de contrato de financiamento e de empréstimo deve estabelecer, com clareza, as taxas de juros no padrão "taxa nominal" e no padrão "taxa efetiva".

Dessa forma, é muito comum o perito ser instado a pronunciar-se se a taxa efetiva mencionada nos contratos foi, de fato, praticada pelo banco e, nos contratos antigos, onde esta informação não foi grafada, é solicitado a informá-la em seu laudo.

8.3. TAXA REAL

Entende-se por **taxa real** de juros a que remunera o capital aplicado após ter sido, o mesmo, atualizado monetariamente. Portanto, os juros reais são aqueles que constituem ganho efetivo sobre o capital aplicado.

Havendo inflação, considera-se taxa real de juros aquela calculada após o expurgo da inflação medida no período considerado.

Taxa real = (1 + taxa efetiva) / (1 + inflação)

Exemplo:

Capital aplicado: R$ 1.000,00

Taxa efetiva de juros no período: 12% ao ano

Período: 1 ano

Inflação no período: 5% ao ano

Taxa efetiva de juros mensal: $(1,12)^{1/12} - 1 = 0,009489$ (**0,9489%**)

Taxa efetiva inflação mensal: $(1,05)^{1/12} - 1 = 0,004074$ (**0,4074%**)

Taxa real mensal: 1,009489/1,004074 = 1,00539303

Taxa real anual = $(1,00539303)^{12} - 1 = 0,06667087$ (**6,67%**)

Ou

(1,12/1,05) = 1,06667087 -1 = 0,06667087 (**6,67%**)

8.4. PRO RATA

É chamada de *pro rata* a taxa de juros que, tendo sido expressa em período maior que taxa ao dia, deve ser convertida em taxa diária.

Juros Remuneratórios (Capitalização Composta):

5% ao mês ou **0,162766%** ao dia

$(1,05)^{1/30} - 1$

Juros Moratórios (Capitalização Simples):

1% ao mês ou **0,0333%** ao dia

1% dividido por 30

Exemplo 1:

Valor do empréstimo: R$ 10.000,00

Juros Remuneratórios: 4,5% a.m.

Data do empréstimo: 06/06/2017

Data de pagamento: 09/11/2017

Dias corridos: 156 dias ou 5 meses e 6 dias

Juros Remuneratórios:

$(1,045)^{1/30} - 1 = 0,00146831$ (0,1468% a.d.)

$10.000 \times [(1,00146831)^{156} - 1] = \mathbf{2.572,00}$

Ou

$10.000 \times [(1,045)^5 \times (1,045)^{6/30} - 1] = \mathbf{2.572,00}$

Exemplo 2:

Valor da dívida: R$ 10.000,00

Juros Moratórios: 1% a.m.

Data de vencimento: 06/06/2017

Data de pagamento: 09/11/2017

Dias corridos: 156 dias ou 5 meses e 6 dias

Juros Moratórios:

1% a.m. = 0,0333333% a.d. (0,000333333)

$10.000 \times 0,000333333 \times 156 = \mathbf{520,00}$

Ou

$10.000 \times [(0,01 \times 5) + (0,01 \times 6/30)] = \mathbf{520,00}$

EXERCÍCIO RESOLVIDO:

Calcule o montante a ser pago em uma operação financeira cujo valor do principal foi de R$ 18.000,00 e sofreu a incidência de juros remuneratórios de 4,2% a.m. durante 94 dias corridos e 1% de juros moratórios a.m. durante 192 dias corridos.

SOLUÇÃO:

<u>Juros Remuneratórios:</u>

4,2% a.m. (94 dias corridos ou 3 meses e 4 dias)

Juros diários: $(1,042)^{1/30} - 1 = 0,001372$ (0,137234% a.d.)

Montante: $18.000 \times (1 + 0,001372)^{94} = 20.476,61$

ou

Montante: $18.000 \times (1,042)^3 \times (1,042)^{4/30} = 20.476,61$

<u>Juros Moratórios:</u>

1% a.m. (192 dias corridos ou 6 meses e 12 dias)

Juros diários: 1% / 30 = 0,033333% a.d. (0,00033333)

Montante: $20.476,61 \times (1 + 0,00033333 \times 192) = \mathbf{21.787,11}$

ou

Montante: $20.476,61 \times [1 + (0,01 \times 6) + (0,01 \times 12/30)] = \mathbf{21.787,11}$

9 IMPOSTOS SOBRE OPERAÇÕES FINANCEIRAS (IOF) E CUSTO EFETIVO TOTAL (CET)

Neste capítulo, serão abordados dois elementos que estão presentes na maioria das operações de crédito no Brasil e normalmente são objetos de discussões judiciais: Imposto sobre operações financeiras (IOF) e Custo efetivo total (CET).

9.1. IMPOSTOS SOBRE OPERAÇÕES FINANCEIRAS (IOF)

IOF é a sigla para **Imposto sobre Operações de Crédito, Câmbio e Seguros**. Como o próprio nome diz, é um imposto que incide sobre qualquer tipo de operação de crédito, câmbio, seguro ou operações relacionadas a títulos e valores mobiliários.

O IOF foi criado **para ser um instrumento regulatório da economia**. Por meio da arrecadação desse imposto, o Governo tem como saber como está a demanda e a oferta de crédito no Brasil.

Para obtenção de crédito pessoal e financiamento de bens (veículos e imóveis), existe a cobrança da taxa-base de 0,38% mais a alíquota diária, que varia conforme a data de contratação do crédito, haja vista a mudança na taxação ocorrida em 22/01/2015. Assim:

- Para operações tomadas **antes de 22/01/2015**, a alíquota diária é de **1,5% ao ano**, o que corresponde a **0,0041% ao dia**
- Para operações feitas **a partir de 22/01/2015**, a alíquota diária passa para **3% ao ano, ou 0,0082% ao dia.**

Em ambos os casos, o IOF é calculado e aplicado no momento da contratação, já levando em consideração o valor financiado e o prazo do crédito.

9 – Impostos Sobre Operações Financeiras (IOF) e Custo Efetivo Total

A alíquota diária para pessoas jurídicas continua sendo 0,0041%.

9.2. CUSTO EFETIVO TOTAL (CET)

O Custo Efetivo Total (CET) é uma taxa que corresponde a todos os encargos e despesas incidentes nas operações de crédito destinadas a pessoas físicas e jurídicas.

O CET deve ser expresso na forma de taxa percentual anual, englobando não apenas a taxa de juros, **mas também tarifas, tributos, seguros e outras despesas cobradas, representando as condições vigentes na data do cálculo.**

Bancos, financeiras e outras instituições devem informar o CET e fornecer a planilha de cálculo antes do cliente assinar o contrato.

Segundo circular do Banco Central (Circular nº 3.593/2013) (fonte: https://www.bcb.gov.br/pre/normativos/busca/downloadNormativo.asp?arquivo=/Lists/Normativos/Attachments/48956/C_Circ_3593_v1_O.pdf), a planilha de cálculo do CET deve explicitar, além do valor em reais de cada componente do fluxo da operação, os respectivos percentuais em relação ao valor total devido.

A circular apresenta um exemplo de planilha que deve ser seguido pelas instituições:

Cálculo do CET

Exemplo	R$	%
a) valor total devido do empréstimo ou financiamento ou arrendamento mercantil financeiro no ato da contratação:	1.080,00	-
b) valor liberado ao cliente ou vendedor:	1.000,00	92,6% (b/a)
c) despesas vinculadas à concessão do crédito:	80,00	7,4% (c/a)
c_1) tarifas (especificar), quando houver:	30,00	2,8% (c_1/a)
c_2) tributos (especificar), quando houver:	10,00	0,9% (c_2/a)
c_3) seguro (especificar), quando houver:	-	- (c_3/a)
c_4) outros (especificar), quando houver:	40,00	3,7% (c_4/a)

Fonte: https://www.bcb.gov.br/pre/normativos/busca/downloadNormativo.asp?arquivo=/Lists/Normativos/Attachments/48956/C_Circ_3593_v1_O.pdf

A fórmula do cálculo do CET é:

Cálculo do CET

$$\sum_{j=1}^{N} \frac{FC_j}{(1+CET)^{\frac{(d_j-d_0)}{365}}} - FC_0 = 0$$

onde:

FC_0 = valor do crédito concedido, deduzido, se for o caso, das despesas e tarifas pagas antecipadamente

FC_1 = valores cobrados pela instituição, periódicos ou não, incluindo as amortizações, juros, prêmio de seguro e tarifa de cadastro ou de renovação de cadastro, quando for o caso, bem como qualquer outro custo ou encargo cobrado em decorrência da operação;

j = j-ésimo intervalo existente entre a data do pagamento dos valores periódicos e a data do desembolso inicial, expresso em dias corridos;

N = prazo do contrato, expresso em dias corridos;

dj = data do pagamento dos valores cobrados, periódicos ou não (FC~);

d_0 = data da liberação do crédito pela instituição (FC_0).

Na hipótese de utilização de planilha de cálculo eletrônica para o cálculo do CET, deve ser informada a função financeira utilizada.

Fonte: https://www.bcb.gov.br/pre/normativos/res/2007/pdf/res_3517_v2_l.pdf

Por exemplo, suponha um financiamento nas seguintes condições:

Valor solicitado: R$ 1.000,00

IOF: R$ 5,00 (incluído no financiamento)

Prêmio de seguro: R$ 5,00 (incluído no financiamento)

Tarifa: R$ 50,00 (não incluído no financiamento)

Valor financiado: R$ 1.010,00 (R$1.000,00 + R$ 5,00 + R$5,00)

Taxa de juros: 12% a.a. (equivalente a 0,95% a.m.)

Prazo da operação (N): 151 dias

Prestação mensal (FCj): R$ 207,79

Data da liberação (d0): 2.1.2017

Datas de pagamento (dj): 2.2.2017, 2.3.2017, 3.4.2017, 2.5.2017 e 2.6.2017

FC°: 1010-50-5-5 = 950

9 – Impostos Sobre Operações Financeiras (IOF) e Custo Efetivo Total

A estrutura do cálculo do CET ficaria assim:

Data	Fluxos de liberação / pagamentos previstos	Nº de dias a decorrer
2.1.2017	950,00	-
2.2.2017	-207,79	31
2.3.2017	-207,79	59
3.4.2017	-207,79	91
2.5.2017	-207,79	120
2.6.2017	-207,79	151

$$\frac{207,79}{(1+CET)^{31/365}} + \frac{207,79}{(1+CET)^{59/365}} + \frac{207,79}{(1+CET)^{91/365}} + \frac{207,79}{(1+CET)^{120/365}} + \frac{207,79}{(1+CET)^{151/365}} - 950,00 = 0$$

CET = **44,05%** (equivalente a **3,05%** a.m.)

Prova Real:

$$\frac{207,79}{(1,4405)^{31/365}} + \frac{207,79}{(1,4405)^{59/365}} + \frac{207,79}{(1,4405)^{91/365}} + \frac{207,79}{(1,4405)^{120/365}} + \frac{207,79}{(1,4405)^{151/365}} - 950,00 = 0$$

201,45 + 195,89 + 189,72 + 184,29 + 178,67 − 950,00 = 0

Como checar na HP:

1.010	PV
5	n
0,95	i
207,79	CHS PMT
950	PV
i	**3,06**

Ou:

950	g CFo
207,79	CHS g CFj
5	g Nj
f	IRR **3,06**

IMPORTANTE

No capítulo 18 (Contratos de crédito direto ao consumidor – CDC) apresentaremos um exemplo ainda mais prático sobre a aplicação do conceito de custo efetivo total (CET).

10 EXPURGOS INFLACIONÁRIOS E ATUALIZAÇÃO MONETÁRIA

Utilizando uma linguagem simples, pode-se dizer que um **expurgo inflacionário** surge, quando os índices de inflação, apurados em um determinado período, não são aplicados, ou mesmo, quando o são, sua aplicação utiliza um percentual menor do que efetivamente deveria ter sido utilizado, reduzindo o seu valor real.

Os expurgos ocorreram em alterações de planos econômicos nos períodos abaixo:

EXPURGO DE JUNHO DE 1987 (Plano Bresser):

As instituições financeiras aplicaram equivocadamente o LBC como índice de remuneração das contas poupanças, sendo que o índice correto aplicável à época era o IPC.

Assim, àqueles que possuíam saldo positivo em conta poupança entre os dias 01.06.1987 a 15.06.1987, o índice aplicável: é o IPC, no valor de 26,06%, que gera a diferença indenizável no valor de 8,04% em favor do poupador. Como o índice aplicado pelas instituições financeiras foi o LBC (18,02497%) sendo que o correto seria o IPC (26,06%).

EXPURGO DE JANEIRO DE 1989 (Plano Verão):

O governo adotou novas regras para correção das Contas, aplicando o rendimento acumulado da LFT verificado no mês de janeiro de 1989 (art. 17 da lei 7.730/89 combinado com o artigo 6º da lei 7.738/89). Entretanto o índice divulgado do IPC, em fevereiro de 1989, que deveria corrigir os saldos de janeiro de 1989, foi da ordem de 42,72% enquanto a variação da LTF do período sofreu variação de apenas 22,35%.

EXPURGO DE ABRIL e MAIO DE 1990 (Plano Collor I):

No mês de abril de 1990 as contas foram atualizadas em zero por cento, ou melhor não foram atualizadas, embora em abril tivesse sido apurada e publicada a inflação de 44,8%, conforme IPC do período.

A Caixa Econômica, gestora do FGTS, deixou de aplicar o índice correspondente ao BTN do período (a Lei 7.777/89, artigo 5º, § 2º dispõe que o valor do BTN será atualizado mensalmente pelo IPC), para adotar a Portaria 191-A, do Ministério da Economia, que determinou a atualização em zero por cento.

Assim os Trabalhadores tiveram efetiva perda patrimonial equivalente a 44,8% do valor do saldo de suas contas. Já para as contas do mês de maio a correção aplicada foi de 5,38% e o correto é 7,87%.

EXPURGO DE FEVEREIRO DE 1991 (Plano Collor II):

Com relação à correção monetária no mês de fevereiro de 1991, tendo em vista a entrada em vigor do Plano Collor II (MP nº 294, de 31/01/91, convertida na Lei nº 8.177/91, que excluiu o BTN e instituiu a TR), tais dispositivos não alcançam as contas iniciadas antes da sua vigência.

Entretanto, esta mesma lei (art. 13) estabeleceu que o índice a ser aplicado às cadernetas de poupança mensais para o período de fevereiro deveria ser um "índice composto", calculado a partir da variação do BTN em janeiro e da TRD em fevereiro.

Tal disposição só poderia alcançar as cadernetas de poupança cujos períodos aquisitivos fossem iniciados posteriormente à 1º de fevereiro de 1991, data em que entrou em vigor a MP nº 294. Desta feita, as poupanças renovadas anteriormente a esta data, deveriam ser remuneradas pelo BTN (21,87%) e foram remuneradas com 7%.

Veja o quadro explicativo das diferenças dos expurgos inflacionários elaborados pela Justiça Federal:

Plano Econômico	Data	Correção monetária do IPC	Correção monetária Poupança
BRESSER	junho/1987	26,06%	18,0205%
VERÃO	janeiro/1989	42,72%	22,3591%
	março/1990	84,32%	84,3200%
COLLOR I	abril/1990	44,80%	0,0000%
COLLOR II	maio/1990	7,87%	5,3800%
COLLOR III	fevereiro/1991	21,87%	7,0000%

Por fim, o plano econômico implantado em 1994 (Plano Real) através da moeda Real (R$) como moeda nacional, em substituição ao Cruzeiro Real (CR$) conseguiu o que todos os outros Planos não conseguiram, que foi estabilizar a economia brasileira a partir da instituição das URVs.

ANO	MÊS	MOEDA	SÍMBOLO	EQUIVALÊNCIA
1942	Out	Cruzeiro	Cr$	Rs 1.000 (um mil réis)
1967	Fev	Cruzeiro Novo	NCr$	Cr$ 1.000,00 (um mil cruzeiros)
1970	Mai	Cruzeiro	Cr$	NCr$ 1,0 (um cruzeiro novo)
1986	Fev	Cruzado	Cz$	Cr$ 1.000,00 (um mil cruzeiros)
1989	Jan	Cruzado Novo	NCz$	Cz$ 1.000,00 (um mil cruzados)
1990	Mar	Cruzeiro	Cr$	NCz$ 1,00 (um cruzado novo)
1993	Ago	Cruzeiro Real	CR$	Cr$ 1.000,00 (um mil cruzeiros)
1994	Jul	Real	R$	CR$ 2.750,00 (dois mil setecentos e cinquenta cruzeiros reais)

Ou seja, uma dívida de CR$ 550.000,00 passou a valer R$ 200,00 (CR$ 550.000,00 / 2.750) em 01/07/1994.

Já a **atualização monetária** (correção monetária) é o próprio capital original atualizado em face da evolução da **inflação medida por um dos vários índices disponíveis na economia** e criados para esta finalidade.

Por isso, o índice inflacionário que atualiza o valor do saldo devedor e das prestações é escolhido de comum acordo entre as partes ou é determinado por lei.

A finalidade da correção monetária é permitir que se conheça qual é o valor atual de um capital, fixado em tempo passado. Ou seja, não constitui verba remuneratória ou forma disfarçada de embutir juros.

Os índices mais utilizados para correção monetária são: TR (a partir de 1994), INPC, INCC, ICC/RJ, IGP-M, IGP-DI e IPCA.

Exemplo:

Uma dívida de R$ 10.000,00 que venceu em maio de 2017, sendo paga em fevereiro de 2019 antes da cobrança de juros de mora e multa contratual deve ser corrigida.

Caso o indexador seja o INPC, basta acessar sua série histórica em: http://www.portalbrasil.net/inpc.htm

Índice INPC

Mês/ano	Índice do mês (em %)	Índice acumulado no ano (em %)	Índice acumulado nos últimos 12 meses (em %)	Número índice acumulado a partir de Jan/93
Fev/2019	0,54	0,9019	3,9403	1.362,7265
Jan/2019	0,36	0,3600	3,5681	1.355,4073
Dez/2018	0,14	3,4340	3,4340	1.350,5453
Nov/2018	-0,25	3,2893	3,5579	1.348,6572
Out/2018	0,40	3,5482	4,0043	1.352,0373
Set/2018	0,30	3,1357	3,9732	1.346,6507
Ago/2018	0,00	2,8272	3,6415	1.342,6228
Jul/2018	0,25	2,8272	3,6104	1.342,6228
Jun/2018	1,43	2,5708	3,5277	1.339,2746
Mai/2018	0,43	1,1247	1,7620	1.320,3930
Abr/2018	0,21	0,6917	1,6910	1.314,7396
Mar/2018	0,07	0,4807	1,5591	1.311,9844
Fev/2018	0,18	0,4104	1,8128	1.311,0667
Jan/2018	0,23	0,2300	1,8738	1.308,7110
Dez/2017	0,26	2,0669	2,0669	1.305,7079
Nov/2017	0,18	1,8022	1,9448	1.302,3219
Out/2017	0,37	1,6193	1,8328	1.299,9819
Set/2017	-0,02	1,2447	1,6299	1.295,1897
Ago/2017	-0,03	1,2650	1,7316	1.295,4488
Jul/2017	0,17	1,2954	2,0776	1.295,8376
Jun/2017	-0,30	1,1235	2,5565	1.293,6385
Mai/2017	0,36	1,4277	3,3486	1.297,5311

Fonte: https://www.portalbrasil.net/inpc/

Qual o procedimento?

Índice acumulado Fev/2019: 1.362,73

Índice acumulado Mai/2017: 1.297,53

Deverá ser aplicado o fator de Correção:

1.362,73/1.297,53 = 1,050249

Logo, a dívida original corrigida seria de **R$ 10.502,49** = R$ 10.000,00 x 1,050249.

10 – Expurgos Inflacionários e Atualização Monetária

> **IMPORTANTE:**
> Cabe ressaltar que antes da cobrança de quaisquer encargos, deve-se primeiramente realizar a atualização monetária (correção) do respectivo valor-base.

Exemplo:

A instituição financeira BMY propôs uma ação de cobrança na Justiça Comum (Uberaba/MG), com pedido de pagamento no valor de R$ 10.000,00 (dez mil reais) em face de Fulano de tal. A cobrança foi julgada procedente e o juiz fixou as seguintes diretrizes:

"Julgo Procedente o Pedido para condenar o Sr. Fulano de tal ao pagamento da quantia de R$ 10.000,00 (dez mil reais), acrescida de correção monetária a partir do vencimento do débito (10/01/2011), de juros de mora a contar a partir da data da citação do Requerido (14/04/2011), multa de 2% e, de Honorários Advocatícios no importe de 10% sobre o valor do débito." Despacho exarado no dia 15/04/2013.

Para cálculo do fator de Atuação Monetária será utilizada a tabela de Abril/2013, com o fator de Atualização Monetária definido conforme o vencimento da dívida (10/01/2011), ou seja, será utilizado o fator do mês de Janeiro de 2011 de 1,1496781

Com base nessas informações, qual o valor total a ser pago por Fulano de tal?

SOLUÇÃO:

Atualização Monetária = 10.000 x 1,1496781 = 11.496,78

Dias de mora = 732 dias

Juros moratórios = 1% a.m. (0,033333% a.d. = 0,00033333)

Dias corridos juros moratórios = 732 dias (de 14/04/2011 a 15/04/2013)

Valor devido = 11.496,78 x 732 x 0,00033333 = 2.805,19

Multa = 0,02 x 11.496,78 (229,94)

Principal corrigido + Encargos = 11.496,78 + 2.805,19 + 229,94 = 14.531,91

Total do débito = 14.531,91 x 1,10 = **15.985,10**

> **IMPORTANTE**
>
> Cabe ressaltar que todos os Tribunais de Justiça possuem o seu indexador de correção monetária, os quais divulgam em seus sites os fatores de correção utilizados para atualização dos débitos judiciais (levando em consideração os expurgos inflacionários já consolidados pela jurisprudência).
>
> Para efeitos de honorários advocatícios, na maioria dos casos, aplica-se o percentual determinado na decisão judicial sobre o valor atualizado da condenação.

Exemplo de sentença judicial:

Condeno o banco réu a pagar à autora as diferenças, a serem apuradas em regular liquidação de sentença, entre o valor depositado pelo réu, a título de correção monetária, e o que efetivamente deveria depositar, se tivesse utilizado o **IPC do IBGE no mês de junho de 1987**.

Condeno-o ainda, a pagar juros mensais de 0,5% sobre as diferenças encontradas desde a data em que teriam de ser depositadas, até a data de seu efetivo pagamento que se dará em 08/07/2002.

Em decorrência do princípio da **sucumbência**, arcará o réu com as custas judiciais, despesas processuais e honorários advocatícios que ora arbitro em 10% (dez por cento) do valor total do montante devido.

Apuração da diferença entre junho/87 (Cz$)		
Situação original:		
a) Saldo em 16/06/87	7.443.630,00	
b) Créditos em 15/07/87		%
Correção Monetária	1.341.342,13	18,02%
Juros Remuneratórios	43.924,71	0,50%
c) Créditos em 15/07/87	8.828.896,84	
Situação conforme sentença:		
a) Saldo em 16/06/87	7.443.630,00	

10 – Expurgos Inflacionários e Atualização Monetária

Apuração da diferença entre junho/87 (Cz$)		
Situação original:		
b) Créditos em 15/07/87		%
Correção Monetária	1.939.809,98	26,06%
Juros Remuneratórios	46.917,20	0,50%
c) Créditos em 15/07/87	9.430.357,18	
Diferença apurada em 15/07/87	601.460,34	
Parcela da diferença 07/87 a 07/2002	90%	180 x 0,5%
Fator Atualização	0,069189	
Valor Final (em R$)	41.614,44	
Juros (180 meses)	37.453,00	90%
Total devido (em R$)	79.067,44	
Honorários Advocatícios (10%)	7.906,74	
Montante devido (em R$)	86.974,18	

11 SISTEMAS DE AMORTIZAÇÃO: SISTEMA DE AMORTIZAÇÃO CONSTANTE (SAC), SISTEMA FRANCÊS DE AMORTIZAÇÃO (TABELA PRICE), SISTEMA MISTO E SISTEMA SACRE

Amortização é o processo de extinção de uma dívida através de pagamentos periódicos, que são realizados em função de um planejamento, de modo que cada prestação corresponde a soma do reembolso do capital ou dos juros do saldo devedor (juros sempre são calculados sobre o saldo devedor), podendo ainda ser o reembolso de ambos.

Nesse tópico, serão demonstrados os sistemas de amortização mais utilizados em transações de empréstimos e financiamentos no Brasil, quais sejam:

- Sistema de Amortização Constante (SAC)
- Sistema Francês de Amortização (Tabela Price)
- Sistema de Amortização Misto (SAM)
- Sistema de Amortização Crescente (SACRE)

11.1. SISTEMA DE AMORTIZAÇÃO CONSTANTE (SAC)

Como o próprio nome diz, nesse sistema as amortizações mensais **são constantes** e o **valor das prestações é decrescente,** pois os juros incidem sobre o saldo devedor restante após a dedução do pagamento da parcela mensal.

Para se obter o **valor da amortização mensal** basta dividir o total financiado pelo número de prestações e o **valor dos juros** é determinado através da multiplicação da taxa de juros pelo saldo devedor existente no período anterior.

11 – Sistemas de Amortização

As prestações nesse sistema decrescem a uma razão constante e, por isso, são consideradas uma **progressão aritmética decrescente**.

Exemplo:

Um empréstimo de R$ 12.000,00 deverá ser amortizado em 24 parcelas (2 anos) com taxa de juros de 1% ao mês.

Valor da parcela de amortização: R$ 12.000,00 / 24 = **R$ 500,00**

SAC

Mês	Saldo Devedor	Parcela	Amortização	Juros
0	R$ 12.000,00			
1	R$ 11.500,00	R$ 620,00	R$ 500,00	R$ 120,00
2	R$ 11.000,00	R$ 615,00	R$ 500,00	R$ 115,00
3	R$ 10.500,00	R$ 610,00	R$ 500,00	R$ 110,00
4	R$ 10.000,00	R$ 605,00	R$ 500,00	R$ 105,00
5	R$ 9.500,00	R$ 600,00	R$ 500,00	R$ 100,00
6	R$ 9.000,00	R$ 595,00	R$ 500,00	R$ 95,00
7	R$ 8.500,00	R$ 590,00	R$ 500,00	R$ 90,00
8	R$ 8.000,00	R$ 585,00	R$ 500,00	R$ 85,00
9	R$ 7.500,00	R$ 580,00	R$ 500,00	R$ 80,00
10	R$ 7.000,00	R$ 575,00	R$ 500,00	R$ 75,00
11	R$ 6.500,00	R$ 570,00	R$ 500,00	R$ 70,00
12	R$ 6.000,00	R$ 565,00	R$ 500,00	R$ 65,00
13	R$ 5.500,00	R$ 560,00	R$ 500,00	R$ 60,00
14	R$ 5.000,00	R$ 555,00	R$ 500,00	R$ 55,00
15	R$ 4.500,00	R$ 550,00	R$ 500,00	R$ 50,00
16	R$ 4.000,00	R$ 545,00	R$ 500,00	R$ 45,00
17	R$ 3.500,00	R$ 540,00	R$ 500,00	R$ 40,00
18	R$ 3.000,00	R$ 535,00	R$ 500,00	R$ 35,00
19	R$ 2.500,00	R$ 530,00	R$ 500,00	R$ 30,00
20	R$ 2.000,00	R$ 525,00	R$ 500,00	R$ 25,00
21	R$ 1.500,00	R$ 520,00	R$ 500,00	R$ 20,00

Mês	Saldo Devedor	Parcela	Amortização	Juros
22	R$ 1.000,00	R$ 515,00	R$ 500,00	R$ 15,00
23	R$ 500,00	R$ 510,00	R$ 500,00	R$ 10,00
24	R$ 0,00	R$ 505,00	R$ 500,00	R$ 5,00
	TOTAL	R$ 13.500,00	R$ 12.000,00	R$ 1.500,00

Como se vê na tabela apresentada, os valores das prestações decrescem à **razão constante de R$ 5,00**. Tendo em vista que essas parcelas se constituem em uma progressão aritmética, os valores de todas as prestações são facilmente obtidos a partir do conhecimento do valor da primeira prestação e o valor do decréscimo mensal.

> Valor da primeira prestação = A + i X P
> Valor do decréscimo mensal = i x A

Onde:

A = Amortização

i = Taxa de Juros

P = Principal

No exemplo acima:

Valor da primeira prestação = 500,00 + 0,01 X 12.000 = **R$ 620,00**

Valor do decréscimo mensal = i x A = 0,01 x 500 = **R$ 5,00**

O valor da última parcela também é facilmente obtido através da soma da parcela da amortização com a parcela de juros calculada sobre o saldo devedor do mês imediatamente anterior, ou seja:

> Última prestação = A + i x A = A x (1 + i)

Logo, a última prestação será R$ 500,00 x 1,01 = **R$ 505,00**

Por fim, com o valor da primeira e da última parcela torna-se possível obter facilmente a soma de todas as parcelas através da expressão:

11 – Sistemas de Amortização

$$S = \frac{(a_1 + a_n) \times n}{2}$$

Nesse contexto:

$$S = \frac{(620 + 505) \times 24}{2} = \mathbf{R\$\ 13.500,00}$$

11.2. SISTEMA FRANCÊS DE AMORTIZAÇÃO (TABELA PRICE)

Consiste em um plano de amortização de uma dívida em **prestações periódicas, iguais e sucessivas**, agregando-se juros ao capital mutuado.

Os juros, por incidirem sobre o saldo devedor, são decrescentes e as amortizações crescentes ao longo do tempo contratual.

É o **sistema mais utilizado em contratos de empréstimos e financiamentos.**

Para encontrar o valor da parcela, a seguinte fórmula deverá ser aplicada:

$$\text{Prestação} = PV \times \frac{(1 + i)^n \times i}{(1 + i)^n - 1}$$

Levando-se em consideração uma taxa de 1% a.m. e com as mesmas informações anteriores:

$$\text{Prestação} = 12.000 \times \frac{(1 + 0{,}01)^{24} \times 0{,}01}{(1 + 0{,}01)^{24} - 1} \Rightarrow \text{Prestação} = 12.000 \times \frac{1{,}26973 \times 0{,}01}{1{,}26973 - 1}$$

$$\text{Prestação} = 12.000 \times \frac{0{,}0126973}{0{,}26973} \Rightarrow \text{Prestação} = 12.000 \times 0{,}047074 = \mathbf{564{,}88}$$

Cálculo da Prestação na Calculadora HP12C:

12.000	PV
24	n
1	i
PMT	**-564,88**

Para calcular juros, amortização e saldo devedor pela Calculadora HP12C:

1	f	n (AMORT)	**Juros**
x ≷ y			**Amortização**
RCL		PV	**Saldo Devedor**

11 – Sistemas de Amortização

PRICE

Mês	Saldo Devedor	Parcela	Amortização	Juros
0	R$ 12.000,00			
1	R$ 11.555,12	R$ 564,88	R$ 444,88	R$ 120,00
2	R$ 11.105,79	R$ 564,88	R$ 449,33	R$ 115,55
3	R$ 10.651,96	R$ 564,88	R$ 453,82	R$ 111,06
4	R$ 10.193,60	R$ 564,88	R$ 458,36	R$ 106,52
5	R$ 9.730,66	R$ 564,88	R$ 462,95	R$ 101,94
6	R$ 9.263,08	R$ 564,88	R$ 467,58	R$ 97,31
7	R$ 8.790,83	R$ 564,88	R$ 472,25	R$ 92,63
8	R$ 8.313,86	R$ 564,88	R$ 476,97	R$ 87,91
9	R$ 7.832,11	R$ 564,88	R$ 481,74	R$ 83,14
10	R$ 7.345,55	R$ 564,88	R$ 486,56	R$ 78,32
11	R$ 6.854,13	R$ 564,88	R$ 491,43	R$ 73,46
12	R$ 6.357,79	R$ 564,88	R$ 496,34	R$ 68,54
13	R$ 5.856,48	R$ 564,88	R$ 501,30	R$ 63,58
14	R$ 5.350,17	R$ 564,88	R$ 506,32	R$ 58,56
15	R$ 4.838,79	R$ 564,88	R$ 511,38	R$ 53,50
16	R$ 4.322,29	R$ 564,88	R$ 516,49	R$ 48,39
17	R$ 3.800,63	R$ 564,88	R$ 521,66	R$ 43,22
18	R$ 3.273,76	R$ 564,88	R$ 526,88	R$ 38,01
19	R$ 2.741,61	R$ 564,88	R$ 532,14	R$ 32,74
20	R$ 2.204,15	R$ 564,88	R$ 537,47	R$ 27,42
21	R$ 1.661,31	R$ 564,88	R$ 542,84	R$ 22,04
22	R$ 1.113,04	R$ 564,88	R$ 548,27	R$ 16,61

Mês	Saldo Devedor	Parcela	Amortização	Juros
23	R$ 559,29	R$ 564,88	R$ 553,75	R$ 11,13
24	R$ 0,00	R$ 564,88	R$ 559,29	R$ 5,59
	TOTAL	**R$ 13.557,16**	**R$ 12.000,00**	**R$ 1.557,16**

IMPORTANTE

O entendimento desse autor é que se as parcelas forem pagas integralmente e o valor desembolsado seja suficiente para cobrir pelo menos os juros do período não há incidência de anatocismo na tabela Price. Ou seja, os juros sobre cada parcela incidem sobre o saldo devedor remanescente e não compõem o valor do principal.

Além disso, matematicamente o cálculo é correto, pois ao trazer os valores das prestações futuras a valor presente chega-se ao principal, considerando o valor do dinheiro no tempo, como segue abaixo:

Mês	Parcela	Valor Presente
1	R$ 564,88	R$ 559,29
2	R$ 564,88	R$ 553,75
3	R$ 564,88	R$ 548,27
4	R$ 564,88	R$ 542,84
5	R$ 564,88	R$ 537,47
6	R$ 564,88	R$ 532,14
7	R$ 564,88	R$ 526,88
8	R$ 564,88	R$ 521,66
9	R$ 564,88	R$ 516,49
10	R$ 564,88	R$ 511,38
11	R$ 564,88	R$ 506,32
12	R$ 564,88	R$ 501,30
13	R$ 564,88	R$ 496,34

11 – Sistemas de Amortização

Mês	Parcela	Valor Presente
14	R$ 564,88	R$ 491,43
15	R$ 564,88	R$ 486,56
16	R$ 564,88	R$ 481,74
17	R$ 564,88	R$ 476,97
18	R$ 564,88	R$ 472,25
19	R$ 564,88	R$ 467,58
20	R$ 564,88	R$ 462,95
21	R$ 564,88	R$ 458,36
22	R$ 564,88	R$ 453,82
23	R$ 564,88	R$ 449,33
24	R$ 564,88	R$ 444,88
	R$ 13.557,16	R$ 12.000,00

11.3. SISTEMA MISTO

Caracteriza-se pelo fato de a prestação ser **igual à média aritmética entre as prestações dos sistemas SAC e PRICE.**

Logo, os juros também serão as médias aritméticas dos juros correspondentes dos dois sistemas, bem como a cota de amortização e o saldo devedor.

Exemplo:

Parcela 1 (SAC):   620,00

Parcela 1 (Price):   564,88

Soma: 1.184,88

Média: **592,44**

Amortização 1 (SAC):   500,00

Amortização 1 (Price): 444,88

Soma:	944,88
Média:	**472,44**

Juros 1 (SAC):	120,00
Juros 1 (Price):	120,00
Soma:	240,00
Média:	**120,00**

MISTO

Mês	Saldo Devedor	Parcela	Amortização	Juros
0	R$ 12.000,00	R$ 0,00	R$ 0,00	R$ 0,00
1	R$ 11.527,56	R$ 592,44	R$ 472,44	R$ 120,00
2	R$ 11.052,89	R$ 589,94	R$ 474,67	R$ 115,28
3	R$ 10.575,98	R$ 587,44	R$ 476,91	R$ 110,53
4	R$ 10.096,80	R$ 584,94	R$ 479,18	R$ 105,76
5	R$ 9.615,33	R$ 582,44	R$ 481,47	R$ 100,97
6	R$ 9.131,54	R$ 579,94	R$ 483,79	R$ 96,15
7	R$ 8.645,42	R$ 577,44	R$ 486,13	R$ 91,32
8	R$ 8.156,93	R$ 574,94	R$ 488,49	R$ 86,45
9	R$ 7.666,06	R$ 572,44	R$ 490,87	R$ 81,57
10	R$ 7.172,78	R$ 569,94	R$ 493,28	R$ 76,66
11	R$ 6.677,06	R$ 567,44	R$ 495,71	R$ 71,73
12	R$ 6.178,89	R$ 564,94	R$ 498,17	R$ 66,77
13	R$ 5.678,24	R$ 562,44	R$ 500,65	R$ 61,79
14	R$ 5.175,08	R$ 559,94	R$ 503,16	R$ 56,78
15	R$ 4.669,39	R$ 557,44	R$ 505,69	R$ 51,75
16	R$ 4.161,15	R$ 554,94	R$ 508,25	R$ 46,69
17	R$ 3.650,32	R$ 552,44	R$ 510,83	R$ 41,61

11 – Sistemas de Amortização 51

Mês	Saldo Devedor	Parcela	Amortização	Juros
18	R$ 3.136,88	R$ 549,94	R$ 513,44	R$ 36,50
19	R$ 2.620,81	R$ 547,44	R$ 516,07	R$ 31,37
20	R$ 2.102,07	R$ 544,94	R$ 518,73	R$ 26,21
21	R$ 1.580,65	R$ 542,44	R$ 521,42	R$ 21,02
22	R$ 1.056,52	R$ 539,94	R$ 524,13	R$ 15,81
23	R$ 529,64	R$ 537,44	R$ 526,88	R$ 10,57
24	R$ 0,00	R$ 534,94	R$ 529,64	R$ 5,30
	TOTAL	R$ 13.528,58	R$ 12.000,00	R$ 1.528,58

11.4. SISTEMA SACRE

Criado pela Caixa Econômica Federal em 1997 para ser uma alternativa ao Sistema Francês de Amortização (Price), tem sua aplicação adequada para financiamentos de longo prazo destinados à aquisição da casa própria. Foi desenvolvido com o objetivo de permitir maior amortização do valor emprestado, reduzindo-se, simultaneamente, a parcela de juros sobre o saldo devedor.

O SACRE considera prestações por valores fixos durante 12 meses e ao final do 12º mês apura-se o saldo devedor e uma nova série de 12 prestações fixas é calculada, a qual vigorará para os próximos 12 meses e assim sucessivamente.

Esse sistema contém intencionalmente **um equívoco aritmético**, criando um resíduo que ajuda o mutuário a quitar eventual saldo residual.

O valor de cada parcela da primeira série de 12 meses é calculado da seguinte forma:

$$\text{Prestação:} [(1 / n) + (i / 12)] \times SD$$

Onde:
SD = Saldo Devedor
n = Prazo

i = Taxa de juros

Utilizando os mesmos dados para o cálculo do sistema SAC:

Prestação primeira série de 12 meses:

Prestação: [(1 / 24) + (0,12 / 12)] x 12.000

Prestação: [0,0416667 + 0,01] x 12.000

Prestação: 0,0516667 x 12.000 = **R$ 620,00**

SACRE (1ª série)

Mês	Saldo Devedor	Parcela	Amortização	Juros
0	R$ 12.000,00			
1	R$ 11.500,00	R$ 620,00	R$ 500,00	R$ 120,00
2	R$ 10.995,00	R$ 620,00	R$ 505,00	R$ 115,00
3	R$ 10.484,95	R$ 620,00	R$ 510,05	R$ 109,95
4	R$ 9.969,80	R$ 620,00	R$ 515,15	R$ 104,85
5	R$ 9.449,50	R$ 620,00	R$ 520,30	R$ 99,70
6	R$ 8.923,99	R$ 620,00	R$ 525,51	R$ 94,49
7	R$ 8.393,23	R$ 620,00	R$ 530,76	R$ 89,24
8	R$ 7.857,16	R$ 620,00	R$ 536,07	R$ 83,93
9	R$ 7.315,74	R$ 620,00	R$ 541,43	R$ 78,57
10	R$ 6.768,89	R$ 620,00	R$ 546,84	R$ 73,16
11	R$ 6.216,58	R$ 620,00	R$ 552,31	R$ 67,69
12	**R$ 5.658,75**	R$ 620,00	R$ 557,83	R$ 62,17

Saldo devedor no final do 12º mês = **R$ 5.658,75**

Prestação segunda série de 12 meses:

Prestação: [(1 / 12) + 0,12 / 12)] x 5.658,75

Prestação: [0,08333 + 0,01] x 5.658,75

Prestação: 0,009333 x 5.658,75 = **R$ 528,13**

SACRE (2ª série)

Mês	Saldo Devedor	Parcela	Amortização	Juros
0	**R$ 5.658,75**			
13	R$ 5.187,21	R$ 528,13	R$ 471,54	R$ 56,59
14	R$ 4.710,95	R$ 528,13	R$ 476,26	R$ 51,87
15	R$ 4.229,93	R$ 528,13	R$ 481,02	R$ 47,11
16	R$ 3.744,10	R$ 528,13	R$ 485,83	R$ 42,30
17	R$ 3.253,41	R$ 528,13	R$ 490,69	R$ 37,44
18	R$ 2.757,81	R$ 528,13	R$ 495,60	R$ 32,53
19	R$ 2.257,26	R$ 528,13	R$ 500,55	R$ 27,58
20	R$ 1.751,70	R$ 528,13	R$ 505,56	R$ 22,57
21	R$ 1.241,09	R$ 528,13	R$ 510,61	R$ 17,52
22	R$ 725,37	R$ 528,13	R$ 515,72	R$ 12,41
23	R$ 204,49	R$ 528,13	R$ 520,88	R$ 7,25
24	**-R$ 321,59**	R$ 528,13	R$ 526,09	R$ 2,04

12 ENCARGOS SOBRE ATRASO

Muitas discussões judiciais residem na maneira em que os bancos realizam a cobrança dos juros de mora e multa nas prestações vencidas.

Algumas instituições realizam a cobrança dos encargos sobre cada parcela vencida (mais comum), outras fazem correção monetária de cada parcela antes de aplicar os encargos, outras realizam a correção sobre o saldo devedor e algumas continuam a cobrar os juros remuneratórios antes da aplicação dos juros de mora e multa.

A maneira mais comum da cobrança desses encargos é a **cobrança dos encargos sobre cada parcela vencida**.

> **IMPORTANTE**
> Em alguns trabalhos periciais, caberá ao magistrado na sentença definir qual a maneira mais adequada àquela transação.

Utilizando o exemplo da Tabela Price (Capítulo 11), imagine que o tomador do empréstimo pague até a 14º prestação, deixando as demais abertas.

15	10/07/2015	R$ 4.838,79	R$ 564,88	R$ 511,38	R$ 53,50
16	10/08/2015	R$ 4.322,29	R$ 564,88	R$ 516,49	R$ 48,39
17	10/09/2015	R$ 3.800,63	R$ 564,88	R$ 521,66	R$ 43,22
18	10/10/2015	R$ 3.273,76	R$ 564,88	R$ 526,88	R$ 38,01
19	10/11/2015	R$ 2.741,61	R$ 564,88	R$ 532,14	R$ 32,74
20	10/12/2015	R$ 2.204,15	R$ 564,88	R$ 537,47	R$ 27,42
21	10/01/2016	R$ 1.661,31	R$ 564,88	R$ 542,84	R$ 22,04
22	10/02/2016	R$ 1.113,04	R$ 564,88	R$ 548,27	R$ 16,61
23	10/03/2016	R$ 559,29	R$ 564,88	R$ 553,75	R$ 11,13
24	10/04/2016	R$ 0,00	R$ 564,88	R$ 559,29	R$ 5,59

12 – Encargos Sobre Atraso

Imaginando que o devedor queira saber a evolução da sua dívida em 31/12/2016, a instituição financeira deverá cobrar juros de mora *pro rata* sobre as parcelas vencidas e a multa sobre o valor do principal. (Considerando 1% de juros de mora e multa de 2%)

Logo, segue o cálculo a ser realizado pelo banco:

Posição em 31/12/2016

Parcela	Vencimento	Data Posição	Principal	Dias atraso	Juros Mora	Multa
15	10/07/2015	31/12/2016	R$ 564,88	540	R$ 101,68	R$ 11,30
16	10/08/2015	31/12/2016	R$ 564,88	509	R$ 95,84	R$ 11,30
17	10/09/2015	31/12/2016	R$ 564,88	478	R$ 90,00	R$ 11,30
18	10/10/2015	31/12/2016	R$ 564,88	448	R$ 84,36	R$ 11,30
19	10/11/2015	31/12/2016	R$ 564,88	417	R$ 78,52	R$ 11,30
20	10/12/2015	31/12/2016	R$ 564,88	387	R$ 72,87	R$ 11,30
21	10/01/2016	31/12/2016	R$ 564,88	356	R$ 67,03	R$ 11,30
22	10/02/2016	31/12/2016	R$ 564,88	325	R$ 61,20	R$ 11,30
23	10/03/2016	31/12/2016	R$ 564,88	296	R$ 55,73	R$ 11,30
24	10/04/2016	31/12/2016	R$ 564,88	265	R$ 49,90	R$ 11,30

R$ 757,13   R$ 112,98

Explicação da parcela 15 como parâmetro:

Dias de atraso de 10/07/2015 a 31/12/2016 = **540 dias**

Juros de mora: (1% / 30) x 540 dias x R$ 564,88 = **R$ 101,68**

Multa: 2% x R$ 564,88 = **R$ 11,30**

13 JUROS DE ACERTO

É permitida a cobrança de **juros de acerto** sempre que o dia da liberação do empréstimo não coincidir com o dia do vencimento escolhido pelo cliente, **acarretando prazo maior que 30 (trinta) dias**, entre o crédito e o vencimento da primeira prestação.

Nesses casos, os juros de acerto serão calculados proporcionalmente ao período compreendido entre a data de liberação do crédito e o dia do vencimento das prestações.

Exemplo:

Valor do contrato:	R$ 12.000,00
Prazo do contrato	24 meses
Data da liberação	24/11/2017
Taxa de juros mês	3%
Vencimento da 1ª prestação	08/01/2017
Data base cálculo da prestação	**08/12/2017**

Logo:

Dias de juros de acerto	14 (08/12/2017 – 24/11/2017)
Juros de acerto	**R$ 166,68**

Como chegar a esse valor?

$(1,03)^{1/30} - 1 = 0,00098578$ (0,098578% a.d.)

$(1,00098578)^{14} = 1,001388969$

Valor a ser financiado = 1,001388969 x R$ 12.000,00 = **R$ 12.166,68**

Juros: R$ 12.166,68 – R$ 10.000,00 (R$ 166,68)

13 – Juros de Acerto

Existem interpretações diversas da cobrança dos juros de acerto no financiamento, pois alguns juízes argumentam que este não poderia incidir sobre o saldo devedor por aumentar os juros das demais parcelas.

Entretanto, outros magistrados entendem ser correta a inclusão dos juros de acerto no saldo financiado por se tratar de uma "postergação" do pagamento e desta forma o principal deveria sofrer a capitalização.

Nesse sentido, vamos elaborar as 2 possíveis formas de apresentação da cobrança dos juros acerto:

Tabela 1: Cobrança dos juros de acerto sobre o saldo devedor

Valor a ser financiado:	R$ 12.166,68
Taxa de juros:	3% ao mês
Parcelas:	24
Valor das prestações:	R$ 718,41
Sistema de amortização:	Francês (Tabela Price)

MÊS	SDO DEVEDOR	PARCELA	AMORTIZAÇÃO	JUROS
0	12.166,68			
1	11.813,27	718,41	353,41	365,00
2	11.449,25	718,41	364,01	354,40
3	11.074,32	718,41	374,93	343,48
4	10.688,14	718,41	386,18	332,23
5	10.290,37	718,41	397,77	320,64
6	9.880,67	718,41	409,70	308,71
7	9.458,68	718,41	421,99	296,42
8	9.024,03	718,41	434,65	283,76
9	8.576,34	718,41	447,69	270,72
10	8.115,22	718,41	461,12	257,29
11	7.640,27	718,41	474,95	243,46
12	7.151,06	718,41	489,20	229,21
13	6.647,19	718,41	503,88	214,53

MÊS	SDO DEVEDOR	PARCELA	AMORTIZAÇÃO	JUROS
14	6.128,19	718,41	519,00	199,42
15	5.593,62	718,41	534,57	183,85
16	5.043,02	718,41	550,60	167,81
17	4.475,90	718,41	567,12	151,29
18	3.891,77	718,41	584,13	134,28
19	3.290,11	718,41	601,66	116,75
20	2.670,40	718,41	619,71	98,70
21	2.032,10	718,41	638,30	80,11
22	1.374,66	718,41	657,45	60,96
23	697,49	718,41	677,17	41,24
24	0,00	718,41	697,49	20,92
		17.241,86	**12.166,68**	**5.075,18**

Tabela 2: Cobrança dos juros de acerto apenas na primeira parcela

Valor a ser financiado: R$ 12.000,00

Taxa de juros: 3% ao mês

Parcelas: 24

Valor da prestação (exceto primeira): R$ 708,57

Valor da primeira prestação: R$ 875,25 (R$ 708,57 + R$ 166,68)

Sistema de amortização: Francês (Tabela Price)

MÊS	SDO DEVEDOR	PARCELA	AMORTIZAÇÃO	JUROS
0	12.000,00	0,00	0,00	0,00
1	11.651,43	875,25	348,57	526,68
2	11.292,40	708,57	359,03	349,54
3	10.922,61	708,57	369,80	338,77
4	10.541,72	708,57	380,89	327,68
5	10.149,40	708,57	392,32	316,25
6	9.745,31	708,57	404,09	304,48
7	9.329,10	708,57	416,21	292,36

13 – Juros de Acerto

MÊS	SDO DEVEDOR	PARCELA	AMORTIZAÇÃO	JUROS
8	8.900,41	708,57	428,70	279,87
9	8.458,85	708,57	441,56	267,01
10	8.004,05	708,57	454,80	253,77
11	7.535,60	708,57	468,45	240,12
12	7.053,10	708,57	482,50	226,07
13	6.556,12	708,57	496,98	211,59
14	6.044,24	708,57	511,89	196,68
15	5.517,00	708,57	527,24	181,33
16	4.973,94	708,57	543,06	165,51
17	4.414,59	708,57	559,35	149,22
18	3.838,45	708,57	576,13	132,44
19	3.245,04	708,57	593,42	115,15
20	2.633,82	708,57	611,22	97,35
21	2.004,27	708,57	629,55	79,01
22	1.355,83	708,57	648,44	60,13
23	687,93	708,57	667,89	40,67
24	0,00	708,57	687,93	20,64
		17.172,33	**12.000,00**	**5.172,33**

14 SÉRIES NÃO PERIÓDICAS

Na matemática financeira, é possível obter o valor presente (PV) de um financiamento através da seguinte expressão matemática:

$$PV = \frac{\text{Prestação 1}}{(1+i)^1} + \frac{\text{Prestação 5}}{(1+i)^5} + \frac{\text{Prestação 9}}{(1+i)^9} + \frac{\text{Prestação n}}{(1+i)^n}$$

Colocando-se a prestação em evidência, teríamos:

$$PV = \text{Prestação} \times \left\{ \frac{1}{(1+i)^1} + \frac{1}{(1+i)^5} + \frac{1}{(1+i)^9} + \frac{1}{(1+i)^n} \right\}$$

Os termos entre os colchetes são os **fatores de atualização** (ou de valor presente) a juros compostos, ou seja:

$$\text{Fatores de atualização (FA)} = \frac{1}{(1+i)^n}$$

Logo:

$$\text{Prestação} = \frac{\text{Valor Presente}}{FA_1 + FA_5 + FA_9 + FA_n}$$

Dessa maneira:

$$\text{Prestação} = \text{Valor Presente} \times \frac{1}{FA_1 + FA_5 + FA_9 + FA_n}$$

Ao analisarmos, o sistema francês de amortização, percebeu-se que o valor da prestação pode ser obtido através da expressão matemática a seguir:

14 – Séries Não Periódicas

> Prestação = PV x $\dfrac{(1 + i)^n \times i}{(1 + i)^n - 1}$
>
> Ou
>
> Prestação = PV x **Coeficiente de financiamento**

No entanto, para que se possa utilizar tal expressão, os bancos deveriam **cobrar os juros mensais sempre na proporção de 30 dias**.

Caso a cobrança dos juros seja realizada de forma *pro rata die*, será necessário converter todos os fluxos para juros diários, trazer a valor presente com base em dias corridos e encontrar o **coeficiente de financiamento** para séries não periódicas através da seguinte expressão matemática:

> **Coeficiente de financiamento** = $1 / \dfrac{1}{FA_1 + FA_5 + FA_9 + FA_n}$

Exemplo:

Determinado empréstimo obtido no dia 24/11/2017 de R$ 12.000,00 será pago em 12 parcelas com taxa de juros de 3% a.m. O banco calcula as prestações com base na série não periódica, ou seja, em dias corridos.

1º passo:

Contar quantos dias corridos entre uma parcela e outra:

PARCELA	VENCIMENTO	DIAS
0	24/11/2017	
1	24/12/2017	30
2	24/01/2018	31
3	24/02/2018	31
4	24/03/2018	28
5	24/04/2018	31
6	24/05/2018	30
7	24/06/2018	31
8	24/07/2018	30
9	24/08/2018	31
10	24/09/2018	31
11	24/10/2018	30
12	24/11/2018	31

2º passo:

Contar quantos dias acumulados entre cada parcela e a data do empréstimo:

PARCELA	VENCIMENTO	DIAS	DIAS ACUM.
0	24/11/2017		
1	24/12/2017	30	30
2	24/01/2018	31	61
3	24/02/2018	31	92
4	24/03/2018	28	120
5	24/04/2018	31	151
6	24/05/2018	30	181
7	24/06/2018	31	212
8	24/07/2018	30	242
9	24/08/2018	31	273
10	24/09/2018	31	304
11	24/10/2018	30	334
12	24/11/2018	31	365

3º passo:

Calcular o fator de atualização de cada parcela como base nos dias corridos:

PARCELA	DIAS ACUM.	FATOR
0		
1	30	0,970874
2	61	0,941668
3	92	0,91334
4	120	0,888487
5	151	0,861759
6	181	0,836659
7	212	0,811491
8	242	0,787855
9	273	0,764155
10	304	0,741167
11	334	0,71958
12	365	0,697933

14 – Séries Não Periódicas

Parcela 1 por exemplo $1 / [(1 + 0{,}03)^{30/30}] = 0{,}970874$

Parcela 2 por exemplo $1 / [(1 + 0{,}03)^{61/30}] = 0{,}941668$

E por aí vai!!!

4º passo:

Calcular os juros mensais com base nos dias corridos (Ou seja, se forem 30 dias será 3%, se forem 31 dias será maior):

PARCELA	VENCIMENTO	DIAS	JUROS
0	24/11/2017		
1	24/12/2017	30	0,03
2	24/01/2018	31	0,031015
3	24/02/2018	31	0,031015
4	24/03/2018	28	0,027972
5	24/04/2018	31	0,031015
6	24/05/2018	30	0,03
7	24/06/2018	31	0,031015
8	24/07/2018	30	0,03
9	24/08/2018	31	0,031015
10	24/09/2018	31	0,031015
11	24/10/2018	30	0,03
12	24/11/2018	31	0,031015

Parcela 1 por exemplo $[(1 + 0{,}03)^{30/30}] - 1 = 0{,}03$ (3%)

Parcela 2 por exemplo $[(1 + 0{,}03)^{31/30}] - 1 = 0{,}031015$ (3,10%)

E por aí vai!!!

5º passo:

Somar todos os fatores e achar o coeficiente de financiamento (1 / soma dos fatores):

PARCELA	VENCIMENTO	DIAS	DIAS ACUM.	FATOR	JUROS
0	24/11/2017				
1	24/12/2017	30	30	0,970874	0,03
2	24/01/2018	31	61	0,941668	0,031015
3	24/02/2018	31	92	0,91334	0,031015
4	24/03/2018	28	120	0,888487	0,027972
5	24/04/2018	31	151	0,861759	0,031015
6	24/05/2018	30	181	0,836659	0,03
7	24/06/2018	31	212	0,811491	0,031015
8	24/07/2018	30	242	0,787855	0,03
9	24/08/2018	31	273	0,764155	0,031015
10	24/09/2018	31	304	0,741167	0,031015
11	24/10/2018	30	334	0,71958	0,03
12	24/11/2018	31	365	0,697933	0,031015
			SOMA	9,934968	
			COEFICIENTE	0,100654579	

6º passo:

Calcular a prestação:

Prestação = 12.000,00 x 0,100654579 (**1.207,85**)

MÊS	SDO DEVEDOR	PARCELA	AMORTIZAÇÃO	JUROS
0	12.000,00			
1	11.152,15	1.207,85	847,85	360,00
2	10.290,18	1.207,85	861,97	345,89
3	9.401,48	1.207,85	888,70	319,15
4	8.456,60	1.207,85	944,87	262,98
5	7.511,03	1.207,85	945,57	262,28
6	6.528,51	1.207,85	982,52	225,33
7	5.523,14	1.207,85	1.005,37	202,48
8	4.480,98	1.207,85	1.042,16	165,69
9	3.412,10	1.207,85	1.068,88	138,98

14 – Séries Não Periódicas

MÊS	SDO DEVEDOR	PARCELA	AMORTIZAÇÃO	JUROS
10	2.310,07	1.207,85	1.102,03	105,83
11	1.171,52	1.207,85	1.138,55	69,30
12	0,00	1.207,85	1.171,52	36,34
		14.494,26	12.000,00	2.494,26

Caso a empresa calculasse sempre com base em 30 dias:

$$\text{Prestação} = 12.000 \times \frac{(1 + 0{,}03)^{12} \times 0{,}03}{(1 + 0{,}03)^{12} - 1}$$

Prestação = 12.0000 x 0,100462

Prestação = **1.205,55**

MÊS	SDO DEVEDOR	PARCELA	AMORTIZAÇÃO	JUROS
0	12.000,00			
1	11.154,45	1.205,55	845,55	360,00
2	10.283,54	1.205,55	870,91	334,63
3	9.386,50	1.205,55	897,04	308,51
4	8.462,56	1.205,55	923,95	281,60
5	7.510,89	1.205,55	951,67	253,88
6	6.530,67	1.205,55	980,22	225,33
7	5.521,04	1.205,55	1.009,62	195,92
8	4.481,13	1.205,55	1.039,91	165,63
9	3.410,02	1.205,55	1.071,11	134,43
10	2.306,77	1.205,55	1.103,24	102,30
11	1.170,43	1.205,55	1.136,34	69,20
12	0,00	1.205,55	1.170,43	35,11
		14.466,54	12.000,00	2.466,54

IMPORTANTE

Os juros de acerto e as séries não periódicas são os principais motivos de diferenças entre os cálculos de diversos peritos e os cálculos das instituições financeiras.

FIQUE ATENTO!!!

15 SISTEMA FINANCEIRO DE HABITAÇÃO (SFH)

O Sistema Financeiro de Habitação (SFH) foi criado a partir da Lei nº 4.380 de 1964 e conta com regras estipuladas pelo governo federal e fiscalizadas pelo Banco Central para facilitar a aquisição da moradia própria, principalmente para as classes média e baixa.

Nesse sistema, os recursos do **Sistema Brasileiro de Poupança e Empréstimo (SBPE)**, que utiliza a Caderneta de Poupança e o **FGTS**, são empregados para emprestar capital àqueles que vão adquirir imóveis.

Atualmente, o limite máximo do valor das unidades habitacionais que podem ser adquiridos pelo SFH é de **R$ 1,5 milhão**, sendo o teto **máximo de financiamento de 80% do valor do imóvel**.

Nessa modalidade, as taxas de juros efetivas são de, no máximo, 12% a.a., entretanto, o custo efetivo poderá ser maior devido a cobrança de tarifas de administração e seguros.

Os sistemas de amortização usualmente utilizados no SFH são: Sistema de Amortização Constante (SAC), Sistema Francês de Amortização (Price) e Sistema de Amortização Crescente (SACRE).

Os saldos devedores dos contratos de financiamento, empréstimo, refinanciamento e repasse concedidos por entidades integrantes do SFH **são reajustados pela remuneração básica dos depósitos de poupança (TR) ou pelo Índice Nacional de Preços ao Consumidor Amplo (IPCA)**, efetuados na mesma data e com a periodicidade contratualmente estipulada para o pagamento das prestações, aplicando-se o critério *pro rata die* para eventos que não coincidam com aquela data.

15 – Sistema Financeiro de Habitação (SFH)

Exemplo 1:

Valor Financiado: R$ 12.000,00
Taxa efetiva de juros: 3% a.m.
Número de prestações: 24
Correção monetária mensal com TR a 0,50% a.m.
Fator de correção: 1,005
Sistema de amortização: Sistema francês de amortização

Cálculo da prestação inicial:

Prestação = 12.000 x $\frac{(1 + 0,03)^{24} \times 0,01}{(1 + 0,03)^{24} - 1}$ => Prestação = 12.000 x $\frac{2,0327941 \times 0,03}{2,0327941 - 1}$

Prestação = 12.000 x $\frac{0,0609838}{1,0327941}$ => Prestação = 12.000 x 0,0590474 = **708,57**

Ou

Pela HP:

12.000	PV
3	i
24	n
PMT	**- 708,57**

MÊS	FATOR	SDO DE-VEDOR	SDO DEV CORRIGI-DO	PARCELA	AMORTI-ZAÇÃO	JUROS
0		12.000,00				
1		11.651,43		708,57	348,57	360,00
2	1,005	11.348,87	11.709,69	712,11	360,82	351,29
3	1,005	11.032,11	11.405,61	715,67	373,50	342,17
4	1,005	10.700,64	11.087,27	719,25	386,63	332,62
5	1,005	10.353,92	10.754,14	722,85	400,22	322,62
6	1,005	9.991,39	10.405,68	726,46	414,29	312,17
7	1,005	9.612,50	10.041,35	730,09	428,85	301,24
8	1,005	9.216,63	9.660,56	733,74	443,93	289,82

MÊS	FATOR	SDO DE-VEDOR	SDO DEV CORRIGIDO	PARCELA	AMORTIZAÇÃO	JUROS
9	1,005	8.803,19	9.262,72	737,41	459,53	277,88
10	1,005	8.371,52	8.847,20	741,10	475,68	265,42
11	1,005	7.920,97	8.413,38	744,81	492,40	252,40
12	1,005	7.450,86	7.960,58	748,53	509,71	238,82
13	1,005	6.960,49	7.488,12	752,27	527,63	224,64
14	1,005	6.449,12	6.995,29	756,03	546,17	209,86
15	1,005	5.915,99	6.481,36	759,81	565,37	194,44
16	1,005	5.360,33	5.945,57	763,61	585,25	178,37
17	1,005	4.781,31	5.387,13	767,43	605,82	161,61
18	1,005	4.178,11	4.805,22	771,27	627,11	144,16
19	1,005	3.549,84	4.199,00	775,12	649,15	125,97
20	1,005	2.895,62	3.567,59	779,00	671,97	107,03
21	1,005	2.214,50	2.910,10	782,89	695,59	87,30
22	1,005	1.505,54	2.225,58	786,81	720,04	66,77
23	1,005	767,71	1.513,06	790,74	745,35	45,39
24	1,005	0,00	771,55	794,70	771,55	23,15
				18.020,29	12.805,16	5.215,13

Metodologia:

1º Passo:

Calcular a prestação para o mês 1:

R$ 708,57

2º Passo:

Calcular os juros para o mês 1 com base no saldo devedor inicial (R$ 12.000,00)

R$ 12.000,00 x 3% = **R$ 360,00**

3º Passo:

Calcular a amortização para o mês 1 pela diferença entre a prestação inicial e a amortização:

R$ 708,57 − R$ 360,00 = **R$ 348,57**

15 – Sistema Financeiro de Habitação (SFH)

4º Passo:

Calcular o saldo devedor para o mês 1:

R$ 12.000,00 – R$ 348,57 = **R$ 11.651,43**

5º Passo:

Atualizar o saldo devedor para o mês 2 com base no saldo devedor atual e utilizando o índice de correção (0,50%) ou o fator de correção (1,005):

R$ 11.651,43 x 1,005 = **R$ 11.709,69** (Saldo devedor corrigido)

6º Passo:

Atualizar a Parcela (mês 2) com base no fator de correção (1,005):

R$ 708,57 x 1,005 = **R$ 712,11** (Parcela Atualizada)

7º Passo:

Calcular os juros para o mês 2 com base no saldo devedor atualizado (R$ 11.709,69)

R$ 11.709,69 x 3% = **R$ 351,29**

8º Passo:

Calcular a amortização para o mês 2 pela diferença entre a prestação do mês 2 (atualizada) e os juros do mês 2 (atualizados):

R$ 712,11 – R$ 351,29 = **R$ 360,82**

9º Passo:

Calcular o saldo devedor para o mês 2:

R$ 11.709,69 – R$ 360,82 = **R$ 11.348,87**

E o processo continua para os próximos meses!!!

Exemplo 2:

Valor Financiado: R$ 12.000,00

Taxa efetiva de juros: 3% a.m.

Número de prestações: 24

Correção monetária anual pela TR a 0,50% a.m. (6,17% a.a.)

Fator de correção: 1,061677812

Sistema de amortização: Sistema francês de amortização

Cálculo da prestação inicial:

Prestação = 12.000 x $\frac{(1 + 0,03)^{24} \times 0,01}{(1 + 0,03)^{24} - 1}$ =>Prestação =12.000 x $\frac{2,0327941 \times 0,03}{2,0327941 - 1}$

Prestação = 12.000 x $\frac{0,0609838}{1,0327941}$ => Prestação = 12.000 x 0,0590474 = **708,57**

Ou

Pela HP:

12.000	PV
3	i
24	n
PMT	- **708,57**

MÊS	SDO DEVEDOR	PARCELA	AMORTIZAÇÃO	JUROS
0	12.000,00			
1	11.651,43	708,57	348,57	360,00
2	11.292,40	708,57	359,03	349,54
3	10.922,61	708,57	369,80	338,77
4	10.541,72	708,57	380,89	327,68
5	10.149,40	708,57	392,32	316,25
6	9.745,31	708,57	404,09	304,48
7	9.329,10	708,57	416,21	292,36
8	8.900,41	708,57	428,70	279,87
9	8.458,85	708,57	441,56	267,01

15 – Sistema Financeiro de Habitação (SFH)

MÊS	SDO DEVEDOR	PARCELA	AMORTIZAÇÃO	JUROS
10	8.004,05	708,57	454,80	253,77
11	7.535,60	708,57	468,45	240,12
12	7.053,10	708,57	482,50	226,07
13	**6.960,49**	**752,27**	**527,63**	**224,64**
14	6.417,03	752,27	543,46	208,81
15	5.857,27	752,27	559,76	192,51
16	5.280,72	752,27	576,55	175,72
17	4.686,87	752,27	593,85	158,42
18	4.075,20	752,27	611,67	140,61
19	3.445,19	752,27	630,02	122,26
20	2.796,27	752,27	648,92	103,36
21	2.127,89	752,27	668,38	83,89
22	1.439,45	752,27	688,44	63,84
23	730,36	752,27	709,09	43,18
24	0,00	752,27	730,36	21,91

Metodologia:

1º Passo:

Calcular a prestação para os 12 primeiros meses:

R$ 708,57

2º Passo:

Apurar o saldo devedor do mês 12:

R$ 7.053,10

3º Passo:

Aplicar o fator de correção anual para o saldo devedor do mês 12:

R$ 7.053,10 x 1,061677812 = R$ 7.488,12

4º Passo:

Calcular a nova prestação para os próximos 12 meses com base no saldo devedor corrigido:

R$ 752,27

5º Passo:

Calcular os juros para o mês 13 com base no saldo devedor corrigido:

R$ 7.488,12 x 3% = **R$ 224,64**

5º Passo:

Calcular a amortização para o mês 13 pela diferença entre a nova prestação e a amortização:

R$ 752,27 − R$ 224,64 = **R$ 527,63**

6º Passo:

Calcular o saldo devedor para o mês 13:

R$ 7.488,12 − R$ 527,63 = R$ 6.960,49

E o processo continua para os próximos meses!!!

IMPORTANTE

Os principais pontos a serem verificados pelo perito em trabalhos que envolvam financiamentos habitacionais são:

I – Avaliar se o contrato terá o saldo devedor corrigido

II – Analisar se durante a vigência do contrato foi alterado o índice de correção monetária

III – Verificar se os juros foram aplicados em percentual acima do limite legal aplicável às operações do SFH

IV – Verificar se os juros foram aplicados em percentual acima do efetivamente contratado

V – Avaliar se foi feita a cobrança de "taxas adicionais"

VI – Analisar a fixação da data-base ou data de aniversário do contrato

VIII – Verificar o sistema de amortização adotado

VIII – Analisar se a taxa utilizada é nominal ou efetiva

16 MÉTODO DE AMORTIZAÇÃO A JUROS SIMPLES (MAJS)

Embora este autor entenda que os métodos de amortização pelo sistema francês e amortização constante são corretos matematicamente, existem sentenças judiciais em que o magistrado determina a utilização de cálculos que envolvam capitalização simples. Nesse sentido, alguns peritos têm utilizado o chamado **método de amortização a juros simples (MAJS)**, a não ser que haja a decisão pelo **método GAUSS**.

16.1. MÉTODO DE AMORTIZAÇÃO A JUROS SIMPLES

O método de amortização a juros simples **determina o pagamento de juros equivalentes e proporcionais ao capital devolvido**, assegurando ao proprietário do capital, o reconhecimento dos juros, porém exigíveis somente quando da efetiva devolução do capital e sempre de forma simples.

> Nesse método:
> a) o valor do principal da parcela é apurado pela divisão do valor do financiamento pelo prazo do contrato
> b) mensalmente é exigido o juro sobre o valor do principal da parcela à taxa contratada pelo prazo decorrido entre a data do contrato e o vencimento da parcela.

Exemplo:

Financiamento: R$ 12.000,00

Taxa de juros: 1% a.m.

Prazo: 24 meses

Primeiro passo:
Dividir o financiamento pelo prazo (amortização mensal):
12.000,00 / 24 = 500,00

Segundo passo:
Calcular os juros pagos no último mês do financiamento
12.000,00 x 1% = 120,00

Terceiro passo:
Calcular os juros pagos proporcionais a cada mês de financiamento
120,00 / 24 = 5,00

5,00 x 1 mês = 5,00 (Juros da parcela 1)

MÊS	SD	PARC	AM	JUROS
0	12.000,00			
1	11.500,00	505,00	500,00	5,00
2	11.000,00	510,00	500,00	10,00
3	10.500,00	515,00	500,00	15,00
4	10.000,00	520,00	500,00	20,00
5	9.500,00	525,00	500,00	25,00
6	9.000,00	530,00	500,00	30,00
7	8.500,00	535,00	500,00	35,00
8	8.000,00	540,00	500,00	40,00
9	7.500,00	545,00	500,00	45,00
10	7.000,00	550,00	500,00	50,00
11	6.500,00	555,00	500,00	55,00
12	6.000,00	560,00	500,00	60,00
13	5.500,00	565,00	500,00	65,00
14	5.000,00	570,00	500,00	70,00
15	4.500,00	575,00	500,00	75,00
16	4.000,00	580,00	500,00	80,00
17	3.500,00	585,00	500,00	85,00
18	3.000,00	590,00	500,00	90,00

16 – Método de Amortização a Juros Simples (MAJS)

MÊS	SD	PARC	AM	JUROS
19	2.500,00	595,00	500,00	95,00
20	2.000,00	600,00	500,00	100,00
21	1.500,00	605,00	500,00	105,00
22	1.000,00	610,00	500,00	110,00
23	500,00	615,00	500,00	115,00
24	0,00	620,00	500,00	120,00
		13.500,00	**12.000,00**	**1.500,00**

17 MÉTODO GAUSS

Este método, desenvolvido pelo matemático alemão, Johann Carl Friedrich Gauss, caracteriza-se pela **liquidação do saldo devedor através de prestações periódicas e constantes** e passou a ser utilizado em algumas sentenças judiciais em detrimento a Tabela Price.

Entretanto, diversos matemáticos **concordam que esse método não pode ser considerado um sistema de amortização**, pois se trata apenas de uma forma de diferimento dos juros através da soma dos dígitos, sem levar em conta a sua capitalização.

Nesse contexto, a constância das prestações do sistema é obtida pela propriedade da **soma dos termos de uma progressão aritmética (PA)**, pela aplicação de um índice médio (IM) e de um **índice ponderado (IP)**.

Pelo referido método, a seguinte sequência deve ser observada:

1) Apuração da soma dos termos (ST):

$$ST = [n \times (n + 1)] / 2$$

2) Cálculo do índice médio (IM):

$$IM = \{[\,i \times (n - 1) + 1] + 1\} / 2$$

3) Cálculo do valor futuro:

$$FV = PV \times [(i \times n) + 1)]$$

4) Cálculo da prestação mensal (PMT):

$$PMT = FV / (IM \times n)$$

5) Cálculo do índice ponderado (IP):

$$IP = [(PMT \times n) - PV] / ST$$

17 – Método Gauss

Exemplo:

Valor do empréstimo: R$ 100.000,00
Número de Prestações: 12
Taxa nominal de juros ao ano: 18%
Taxa nominal de juros ao mês: 1,5%

Soma dos Termos:

ST = [n x (n + 1)] / 2 => ST = [12 x (12 + 1)] / 2 = **78**

Índice Médio:

IM = {[i x (n – 1)+ 1] + 1} / 2 => IM = {[0,015 x (12 – 1) + 1] + 1} / 2 = **1,082500**

Valor Futuro:

FV = PV x [(i x n) + 1)] => FV = 100.000 x [(0,015 x 12) + 1)] = **118.000**

Prestação Mensal:

PMT = FV / (IM x n) => PMT = 118.000 / (1,082500 x 12) = **9.083,91**

Índice Ponderado:

IP = [(PMT x n) – PV] / ST => IP = [(9.083,91 x 12) – 100.000] / 78 => **115,47333**

Sistema GAUSS

Período	Meses de Juros	Índice de Ponderação	Saldo Devedor	Prestação	Amortização	Juros = (2 x 3)
0			100.000,00			
1	12	115,47333	92.301,77	9.083,91	7.698,23	1.385,68
2	11	115,47333	84.488,07	9.083,91	7.813,70	1.270,21
3	10	115,47333	76.558,89	9.083,91	7.929,18	1.154,73
4	9	115,47333	68.514,24	9.083,91	8.044,65	1.039,26
5	8	115,47333	60.354,12	9.083,91	8.160,12	923,79
6	7	115,47333	52.078,52	9.083,91	8.275,60	808,31
7	6	115,47333	43.687,45	9.083,91	8.391,07	692,84
8	5	115,47333	35.180,91	9.083,91	8.506,54	577,37

Pe-ríodo	Meses de Juros	Índice de Ponderação	Saldo Devedor	Presta-ção	Amortiza-ção	Juros = (2 x 3)
9	4	115,47333	26.558,89	9.083,91	8.622,02	461,89
10	3	115,47333	17.821,40	9.083,91	8.737,49	346,42
11	2	115,47333	8.968,44	9.083,91	8.852,96	230,95
12	1	115,47333	0,00	9.083,91	8.968,44	115,47
	78				100.000,00	9.006,92

Diferença de valores do método GAUSS para a Tabela Price:

Tabela Price

Meses de Juros	Saldo Devedor	Prestação	Amortização	Juros
0	100.000,00			
1	92.332,00	9.168,00	7.668,00	1.500,00
2	84.548,98	9.168,00	7.783,02	1.384,98
3	76.649,22	9.168,00	7.899,76	1.268,23
4	68.630,96	9.168,00	8.018,26	1.149,74
5	60.492,42	9.168,00	8.138,53	1.029,46
6	52.231,81	9.168,00	8.260,61	907,39
7	43.847,29	9.168,00	8.384,52	783,48
8	35.337,00	9.168,00	8.510,29	657,71
9	26.699,05	9.168,00	8.637,94	530,05
10	17.931,54	9.168,00	8.767,51	400,49
11	9.032,51	9.168,00	8.899,03	268,97
12	0,00	9.168,00	9.032,51	135,49
		110.015,99	100.000,00	10.015,99

18 CONTRATOS DE CRÉDITO DIRETO AO CONSUMIDOR (CDC)

O crédito direto ao consumidor (CDC) é uma das modalidades de crédito mais conhecidas no mercado, oferecida pelas instituições financeiras, lojas de departamentos e administradoras de cartão de crédito.

Pode ser obtido na forma **de dinheiro em espécie** quando é solicitado em bancos ou financeiras, ou na forma **de financiamento** para aquisição de bens duráveis ou serviços, mas pode ser oferecido por lojas de departamentos quando se abre um **crediário para compras com valor pré-determinado** e ainda quando se obtém um **limite para gastos com cartão de crédito**.

Para correntistas de diversos bancos, esta opção já está disponível dentro de um pacote de serviços, como opção de empréstimo pré-aprovado, imediato e sem burocracia para aqueles que possuem renda estável.

O pagamento pode <u>**ser feito em até 60 meses**</u> e as parcelas são debitadas automaticamente da conta corrente.

É possível consultar no site do Banco Central a taxa média praticada pelo mercado nessa modalidade e nas demais transações financeiras (<u>https://www.bcb.gov.br/estatisticas/txjuros/</u>).

Por exemplo, no período entre 06/01/2020 e 10/01/2020 foi realizada uma consulta para verificar as informações sobre as taxas praticadas pelas instituições em operações de crédito pessoal não consignado.

Quadro – Taxas praticadas em operações de crédito pessoal não consignado

Posição	Instituição	Taxas de juros % a.m.	Taxas de juros % a.a.
1	BCO SAFRA S.A.	0,96	12,19
2	BCO ANDBANK S.A.	1,01	12,79
3	BCO SOFISA S.A.	1,10	14,04
4	BCO DA AMAZONIA S.A.	1,19	15,27
5	BCO LUSO BRASILEIRO S.A.	1,35	17,48
6	BANCOOB	1,48	19,24
7	BCO TOYOTA DO BRASIL S.A.	1,59	20,85
8	BCO BS2 S.A.	1,60	20,91
9	BANCO BRADESCARD	1,94	25,86
10	BCO C6 S.A.	2,05	27,52
11	FINANC ALFA S.A. CFI	2,29	31,21
12	BCO A.J. RENNER S.A.	2,52	34,85
13	BCO DO EST. DE SE S.A.	2,56	35,36
14	BANCO BTG PACTUAL S.A.	2,71	37,79
15	BCO DO ESTADO DO RS S.A.	2,86	40,29
16	SINOSSERRA S/A - SCFI	2,97	42,03
17	BCO GUANABARA S.A.	3,00	42,63
18	HS FINANCEIRA	3,03	43,03
19	CAIXA ECONOMICA FEDERAL	3,37	48,86
20	PORTOSEG S.A. CFI	3,39	49,12
21	CREDITÁ S.A. CFI	3,41	49,59
22	BCO DO NORDESTE DO BRASIL S.A.	3,50	51,04
23	NU FINANCEIRA S.A. CFI	3,54	51,88
24	TODESCREDI S/A - CFI	3,62	53,20
25	BCO DO BRASIL S.A.	3,73	55,24
26	SANTANA S.A. - CFI	3,75	55,53
27	BANCO INBURSA	3,75	55,59
28	ITAÚ UNIBANCO S.A.	3,96	59,45
29	BCO DO EST. DO PA S.A.	3,99	60,00
30	BRB - BCO DE BRASILIA S.A.	4,02	60,44
31	BCO BANESTES S.A.	4,32	66,15
32	BCO SANTANDER (BRASIL) S.A.	4,38	67,19
33	OMNI BANCO S.A.	4,81	75,80
34	AYMORÉ CFI S.A.	4,96	78,76
35	BCO RENDIMENTO S.A.	5,10	81,74
36	BANCO ORIGINAL	5,53	90,81
37	CENTROCRED S.A. CFI	5,53	90,83
38	OMNI SA CFI	5,57	91,53
39	BCO BRADESCO S.A.	5,65	93,32
40	BV FINANCEIRA S.A. CFI	6,12	103,86
41	AMAGGI S.A. CFI	6,57	114,48
42	BANCO CBSS	6,64	116,32
43	FINAMAX S.A. CFI	6,97	124,39
44	BCO LOSANGO S.A.	7,08	127,33

18 – Contratos de Crédito Direto ao Consumidor (CDC)

Posição	Instituição	Taxas de juros % a.m.	Taxas de juros % a.a.
45	KREDILIG S.A. - CFI	7,56	139,79
46	GOLCRED S/A - CFI	8,32	161,02
47	BECKER FINANCEIRA SA - CFI	8,43	164,10
48	BANCO TOPÁZIO S.A.	9,17	186,62
49	SOROCRED CFI S.A.	9,19	187,34
50	BCO MERCANTIL DO BRASIL S.A.	9,42	194,41
51	SENFF S.A. - CFI	10,41	228,00
52	GAZINCRED S.A. SCFI	10,76	241,01
53	ESTRELA MINEIRA	10,77	241,22
54	SAX S.A. CFI	11,05	251,74
55	CREDIARE CFI S.A.	11,81	281,93
56	BANCO SEMEAR	12,03	290,74
57	LECCA CFI S.A.	12,42	307,37
58	LEBES FINANCEIRA CFI SA	12,52	311,76
59	BANCOSEGURO S.A.	12,77	322,90
60	VIA CERTA FINANCIADORA S.A. - CFI	12,94	330,75
61	AGORACRED S/A SCFI	13,04	335,45
62	REALIZE CFI S.A.	13,74	368,69
63	NEGRESCO S.A. - CFI	13,76	369,59
64	PORTOCRED S.A. - CFI	13,94	378,56
65	MIDWAY S.A. - SCFI	14,78	422,71
66	BCO AGIBANK S.A.	14,89	429,13
67	BCO BMG S.A.	19,00	706,42
68	BCO DAYCOVAL S.A	20,27	815,78
69	CREFISA S.A. CFI	21,76	961,70
70	FACTA S.A. CFI	22,52	1.043,65
71	JBCRED S.A. SCFI	27,49	1.744,16

Fonte:
https://www.bcb.gov.br/estatisticas/reporttxjuros/?path= conteudo%2Ftxcred%2FReports%2FTaxasCredito-Consolidadas- porTaxasAnuais.rdl&nome=Pessoa%20F%C3%ADsica%20-%20 Cr%C3%A9dito%20pessoal%20n%C3%A3o%20

18.1. MAIORES DEMANDAS JUDICIAIS EM CONTRATOS DE CDC

Por se tratar de uma modalidade de crédito com fácil acesso, muitas pessoas se endividam rapidamente, e por conta da inadimplência, procuram o Poder Judiciário visando renegociar seu contrato. Além disso, as próprias instituições financeiras recorrem a Justiça para recuperarem o valor emprestado.

Logo, as principais demandas judiciais para esse tipo de operação são:

- Taxas abusivas
- Capitalização indevida dos juros (**Anatocismo**)
- Cobranças acessórias indevidas
- Dentre outros

Nesse sentido, os principais pontos a serem verificados pelo perito em trabalhos que envolvam CDC são:

I – Verificar o sistema de amortização adotado
II – Avaliar o valor correto a ser financiando
III – Analisar se a taxa utilizada é nominal ou efetiva
IV – Verificar se os juros remuneratórios foram aplicados em percentual acima do efetivamente contratado
V – Analisar a possível cobrança de juros moratórios e multa contratual
VI – Avaliar se foi feita a cobrança de "taxas adicionais"
VII – Analisar a fixação da data-base ou data de aniversário do contrato
VIII – Analisar se o contrato terá o saldo devedor corrigido

Os sistemas de amortização mais utilizados em contratos de CDC são: **Sistema de Amortização Constante** (SAC) e **Sistema Francês – Tabela Price.**

18.2. IOF EM CONTRATOS DE CDC

Desde 22/01/2015 as alíquotas de IOF para contratos de CDC são de **0,38% mais a alíquota diária** de **0,0082%** ao dia.

Em ambos os casos, o IOF é calculado e aplicado no momento da contratação, já levando em consideração o valor financiado e o prazo do crédito.

18 – Contratos de Crédito Direto ao Consumidor (CDC)

Para que seja possível analisar a forma de cobrança dos bancos, utilizaremos um caso real do Banco Santander com aplicação do sistema francês de amortização (tabela Price)

Produto: CRÉDITO PESSOAL ELETRÔNICO

Demonstrativo do Custo Efetivo Total - CET

(a) Taxa de Juros: 31,22% a.a.	2,29% a.m.
Demonstrativo do Custo Efetivo Total - CET (**): 54,52% a.a.	3,64% a.m.
Tipo de Taxa de Juros:	PRÉ-FIXADA
(b) Valor Total Devido no Ato da Contratação: 100,00 Percentual (%)	Valor (R$) 11.352,68
(c) Valor do IOF (Financiado): 2,67 Percentual (%)	Valor (R$) 302,68
(d) Prêmio do Seguro (Financiado): 9,25 Percentual (%)	Valor (R$) 1.050,00
(e) Valor Liberado: 88,08 Percentual (%)	Valor (R$) 10.000,00
(f) Data / Hora do Cálculo (*):	11/04/2018 / 19:37:38
(g) Quantidade de Parcelas:	20
(h) Valor das Parcelas:	Valor (R$) 716,29
(i) Data Primeira Parcela:	11/05/2018
Último Vencimento:	11/12/2019

* As condições calculadas são válidas para o Canal Internet até às 18h0000min da data acima indicada. Este documento trata-se de demonstrativo não constituindo obrigação do Banco Santander (Brasil) S. A. conceder o empréstimo. A efetiva concessão está sujeita a análise de crédito e demais condições do produto.
** Para efeito do cálculo do Custo Efetivo Total (CET) foram considerados os itens indicados com as letras (a) à (i).

<u>1º Passo</u>: Utilizar os dados informados na contratação para elaboração da Tabela Price:

VALORES REAIS	
Valor Financiado	R$ 10.000,00
Taxas (com IOF)	R$ 1.352,68
Nº parcelas	20
taxa de juros	2,29000%
Valor da parcela	R$ 716,29
IOF TOTAL	R$ 302,68
CET	3,64000%

2º Passo: Calcular a taxa de juros pró-rata conforme os dias corridos entre as prestações

Prestação	Data	Dias Corridos	Dias Acum.	Juros período
0	11/04/2018			
1	11/05/2018	30	30	0,02290
2	11/06/2018	31	61	0,02367
3	11/07/2018	30	91	0,02290
4	11/08/2018	31	122	0,02367
5	11/09/2018	31	153	0,02367
6	11/10/2018	30	183	0,02290
7	11/11/2018	31	214	0,02367
8	11/12/2018	30	244	0,02290
9	11/01/2019	31	275	0,02367
10	11/02/2019	31	306	0,02367
11	11/03/2019	28	334	0,02136
12	11/04/2019	31	365	0,02367
13	11/05/2019	30	395	0,02290
14	11/06/2019	31	426	0,02367
15	11/07/2019	30	456	0,02290
16	11/08/2019	31	487	0,02367
17	11/09/2019	31	518	0,02367
18	11/10/2019	30	548	0,02290
19	11/11/2019	31	579	0,02367
20	11/12/2019	30	609	0,02290

18 – Contratos de Crédito Direto ao Consumidor (CDC)

> **Comentários:**
>
> A prestação 1 equivale exatamente a 2,29% pois entre 11/04 e 11/05 transcorre exatamente 30 dias.
>
> Agora a prestação 2 equivale a 2,367% pois entre 11/05 e 11/06 transcorre 31 dias $(1,0229)31/30 - 1 = 0,02367$
>
> **OBSERVAÇÃO:**
>
> Por conta disso, é bem provável que a tabela Price não seja zerada

3º Passo: Calcular os juros e a amortização com base nas informações encontradas anteriormente

Prestação	Saldo	Prestação	Amortização	Juros
0	R$ 11.352,68			
1	R$ 10.896,37	R$ 716,29	R$ 456,31	R$ 259,98
2	R$ 10.438,02	R$ 716,29	R$ 458,35	R$ 257,94
3	R$ 9.960,76	R$ 716,29	R$ 477,26	R$ 239,03
4	R$ 9.480,26	R$ 716,29	R$ 480,50	R$ 235,79
5	R$ 8.988,39	R$ 716,29	R$ 491,87	R$ 224,42
6	R$ 8.477,94	R$ 716,29	R$ 510,46	R$ 205,83
7	R$ 7.962,34	R$ 716,29	R$ 515,60	R$ 200,69
8	R$ 7.428,39	R$ 716,29	R$ 533,95	R$ 182,34
9	R$ 6.887,94	R$ 716,29	R$ 540,44	R$ 175,85
10	R$ 6.334,71	R$ 716,29	R$ 553,24	R$ 163,05
11	R$ 5.753,71	R$ 716,29	R$ 581,00	R$ 135,29
12	R$ 5.173,62	R$ 716,29	R$ 580,09	R$ 136,20
13	R$ 4.575,81	R$ 716,29	R$ 597,81	R$ 118,48
14	R$ 3.967,84	R$ 716,29	R$ 607,97	R$ 108,32
15	R$ 3.342,41	R$ 716,29	R$ 625,43	R$ 90,86

Prestação	Saldo	Prestação	Amortização	Juros
16	R$ 2.705,24	R$ 716,29	R$ 637,17	R$ 79,12
17	R$ 2.052,99	R$ 716,29	R$ 652,25	R$ 64,04
18	R$ 1.383,72	R$ 716,29	R$ 669,28	R$ 47,01
19	R$ 700,18	R$ 716,29	R$ 683,53	R$ 32,76
20	-R$ 0,07	R$ 716,29	R$ 700,26	R$ 16,03

4º Passo: Calcular o valor do IOF em cada parcela levando em consideração os dias acumulados de utilização de crédito e a amortização do período (sem esquecer que o prazo máximo é de 365 dias)

Prestação	Dias Acum.	Amortização	IOF
0			
1	30	R$ 456,31	R$ 2,86
2	61	R$ 458,35	R$ 4,03
3	91	R$ 477,26	R$ 5,37
4	122	R$ 480,50	R$ 6,63
5	153	R$ 491,87	R$ 8,04
6	183	R$ 510,46	R$ 9,60
7	214	R$ 515,60	R$ 11,01
8	244	R$ 533,95	R$ 12,71
9	275	R$ 540,44	R$ 14,24
10	306	R$ 553,24	R$ 15,98
11	334	R$ 581,00	R$ 18,12
12	365	R$ 580,09	R$ 19,57
13	395	R$ 597,81	R$ 20,16
14	426	R$ 607,97	R$ 20,51

18 – Contratos de Crédito Direto ao Consumidor (CDC)

Prestação	Dias Acum.	Amortização	IOF
15	456	R$ 625,43	R$ 21,10
16	487	R$ 637,17	R$ 21,49
17	518	R$ 652,25	R$ 22,00
18	548	R$ 669,28	R$ 22,57
19	579	R$ 683,53	R$ 23,06
20	609	R$ 700,26	R$ 23,62

R$ 302,68

Caso o sistema de amortização fosse o SAC:

Parcela	Data	Saldo	Amortização	Dias Acum.	IOF
0	11/04/2018	11.352,68			
1	11/05/2018	10.785,05	567,63	30	3,55
2	11/06/2018	10.217,41	567,63	61	5,00
3	11/07/2018	9.649,78	567,63	91	6,39
4	11/08/2018	9.082,14	567,63	122	7,84
5	11/09/2018	8.514,51	567,63	153	9,28
6	11/10/2018	7.946,88	567,63	183	10,67
7	11/11/2018	7.379,24	567,63	214	12,12
8	11/12/2018	6.811,61	567,63	244	13,51
9	11/01/2019	6.243,97	567,63	275	14,96

Parcela	Data	Saldo	Amortização	Dias Acum.	IOF
10	11/02/2019	5.676,34	567,63	306	16,40
11	11/03/2019	5.108,71	567,63	334	17,70
12	11/04/2019	4.541,07	567,63	365	19,15
13	11/05/2019	3.973,44	567,63	395	19,15
14	11/06/2019	3.405,80	567,63	426	19,15
15	11/07/2019	2.838,17	567,63	456	19,15
16	11/08/2019	2.270,54	567,63	487	19,15
17	11/09/2019	1.702,90	567,63	518	19,15
18	11/10/2019	1.135,27	567,63	548	19,15
19	11/11/2019	567,63	567,63	579	19,15
20	11/12/2019	0,00	567,63	609	19,15
					289,74

18.3. CUSTO EFETIVO TOTAL (CET) EM CONTRATOS DE CDC

Com base nos conceitos apresentados no capítulo 9, segue exemplo de custo efetivo total (CET) através de uma operação realizada no Banco Santander

18 – Contratos de Crédito Direto ao Consumidor (CDC)

Produto: CRÉDITO PESSOAL ELETRÔNICO

Demonstrativo do Custo Efetivo Total - CET

(a) Taxa de Juros: 31,22% a.a.	2,29% a.m.
Demonstrativo do Custo Efetivo Total - CET (**): 54,52% a.a.	3,64% a.m.
Tipo de Taxa de Juros:	PRÉ-FIXADA
(b) Valor Total Devido no Ato da Contratação: 100,00 Percentual (%)	Valor (R$) 11.352,68
(c) Valor do IOF (Financiado): 2,67 Percentual (%)	Valor (R$) 302,68
(d) Prêmio do Seguro (Financiado): 9,25 Percentual (%)	Valor (R$) 1.050,00
(e) Valor Liberado: 88,08 Percentual (%)	Valor (R$) 10.000,00
(f) Data / Hora do Cálculo (*):	11/04/2018 / 19:37:38
(g) Quantidade de Parcelas:	20
(h) Valor das Parcelas:	Valor (R$) 716,29
(i) Data Primeira Parcela:	11/05/2018
Último Vencimento:	11/12/2019

* As condições calculadas são válidas para o Canal Internet até às 18h0000min da data acima indicada. Este documento trata-se de demonstrativo não constituindo obrigação do Banco Santander (Brasil) S. A. conceder o empréstimo. A efetiva concessão está sujeita a análise de crédito e demais condições do produto.
** Para efeito do cálculo do Custo Efetivo Total (CET) foram considerados os itens indicados com as letras (a) à (i).

Informações a serem utilizadas:

Valor da prestação: R$ 716,29

Custo efetivo total ano (CET): 54,52%

Número de dias: Representam o número de dias corridos de cada vencimento em relação a data do empréstimo (Por exemplo, a primeira parcela que foi paga no dia 11/05/2018 venceu 30 dias corridos da data da liberação do empréstimo o qual foi realizado no dia 11/04/2018. Já a segunda parcela que foi paga no dia 11/06/2018 venceu 61 dias após a data da liberação. E assim por diante!

Prova Real:

Parcela	Data	Fluxos de liberação	Nº de dias	Valor Presente
	11/04/2018	10.000,00	-	
1	11/05/2018	(716,29)	30	691,12
2	11/06/2018	(716,29)	61	666,05
3	11/07/2018	(716,29)	91	642,65
4	11/08/2018	(716,29)	122	619,33
5	11/09/2018	(716,29)	153	596,86
6	11/10/2018	(716,29)	183	575,89
7	11/11/2018	(716,29)	214	554,99
8	11/12/2018	(716,29)	244	535,49
9	11/01/2019	(716,29)	275	516,06
10	11/02/2019	(716,29)	306	497,34
11	11/03/2019	(716,29)	334	481,01
12	11/04/2019	(716,29)	365	463,56
13	11/05/2019	(716,29)	395	447,27
14	11/06/2019	(716,29)	426	431,04
15	11/07/2019	(716,29)	456	415,90
16	11/08/2019	(716,29)	487	400,81
17	11/09/2019	(716,29)	518	386,27
18	11/10/2019	(716,29)	548	372,69
19	11/11/2019	(716,29)	579	359,17
20	11/12/2019	(716,29)	609	346,55
				10.000,05

19 CHEQUE ESPECIAL E CONTA GARANTIDA

É uma modalidade de crédito pré-aprovado pelos bancos disponibilizado diretamente na conta corrente do cliente destinado a cobrir qualquer transação bancária que deixe o **saldo bancário negativo**. Para pessoas jurídicas essa linha de crédito é mais conhecida como **conta garantida**.

Devido aos riscos envolvidos na transação, essa modalidade possui custos mais elevados.

Embora a taxa de juros esteja estipulada ao mês, o seu cálculo é realizado de forma linear e proporcional aos dias efetivamente utilizados haja vista que **os saldos negativos em cheque especial não têm um saldo devedor único estável no mês** em função dos diversos lançamentos ocorridos na conta do cliente.

Dessa forma, será utilizado o *método hamburguês de cálculo de juros*:

> **Juros** = (Taxa ao mês/30) x dias de permanência do saldo devedor x saldo devedor

Algumas instituições financeiras concedem por até 10 dias isenção da cobrança de juros pela utilização do cheque especial. No entanto, caso seja utilizado por mais de dez dias, serão cobrados os **juros sobre todo o período utilizado.**

Os juros cobrados e os prazos de pagamento são estipulados pelas próprias instituições financeiras, mas normalmente ocorrem no **dia do aniversário do contrato (estipulado por cada instituição financeira).**

Caso o cliente não tenha dinheiro na conta no dia em que o banco debita a utilização do crédito ou se a pessoa estoura o limite do cheque especial pagará multa sobre o total da dívida (**normalmente denominado "adiantamento depositante"**).

Ressalte-se que, além dos juros, as transações feitas com cheque especial também sofrem incidência do **Imposto sobre Operações Financeiras (IOF)**, ainda que o consumidor tenha utilizado a linha de crédito por menos de dez dias em um mês.

Devido a facilidade de acesso ao crédito, muitos consumidores se entusiasmam e utilizam sem restrições o cheque especial. Entretanto, com o passar do tempo a dívida crescente exponencialmente, tornando mais difícil sua liquidação.

19.1. MAIORES DEMANDAS JUDICIAIS EM CONTRATOS DE CHEQUE ESPECIAL

Nesse contexto, os motivos mais comuns que levam o correntista a agir contra o banco são:

- Taxa de juros muito elevada
- Taxa de juros remuneratórios, aplicada sobre o débito que exceder o limite contratado, em percentual maior que o contratado para juros normais
- Eventuais despesas de cobrança
- Prática de capitalização na cobrança de juros e outros débitos

Alguns termos usados pelos advogados que defendem os interesses nos inadimplentes são:

- Encargos abusivos
- Excessiva onerosidade
- Excesso abusivo do lucro do banco
- Abusividade

19.2. EXEMPLO DE CÁLCULO COM CHEQUE ESPECIAL

Imagine que uma determinada conta bancária tenha apresentado a seguinte movimentação:

19 – Cheque Especial e Conta Garantida

Saldo disponível: R$ 2.250,00
Limite cheque especial: R$ 15.000,00

DATA	HISTÓRICO	LANÇAMENTO	SALDO
01/04/2016	SALDO ANTERIOR		2.250 C
03/04/2016	CHEQUE	10.000 D	7.750 D
08/04/2016	DÉBITO AUTOMÁTICO	5.250 D	13.000 D
10/04/2016	DEPÓSITO ONLINE	14.000 C	1.000 C
24/04/2016	SAQUE	1.500 D	500 D
29/04/2016	TRANSFERÊNCIA ONLINE	2.500 D	3.000 D
30/04/2016	REMUNERAÇÃO/SALÁRIO	5.000 C	2.000 C

Considerando que a taxa de juros cheque especial é de 12% a.m. e a **cobrança com base em dias corridos:**

Cálculo dos juros:

12% dividido por 30 dias = 0,40% por dia (0,0040)

DATA	SALDO	DIAS A DESCOBERTO	JUROS
01/04/2016	2.250 C		0
03/04/2016	7.750 D	5	155,00
08/04/2016	13.000 D	2	104,00
10/04/2016	1.000 C		0
24/04/2016	500 D	5	10,00
29/04/2016	3.000 D	1	12,00
TOTAL			281,00

> **DICA:**
> Embora exista a obrigatoriedade da divulgação da taxa de juros praticada na transação, **é possível que o perito consiga encontrá-la seguindo os seguintes passos:**

1º passo: Identificar o saldo devedor em cada dia, multiplicar pelos dias utilizados e totalizar.

DATA	LANÇAMENTO (A)	DIAS A DESCOBERTO (B)	A X B
03/04/2016	7.750 D	5	**-38.750,00**
08/04/2016	13.000 D	2	**-26.000,00**
24/04/2016	500 D	5	**-2.500,00**
29/04/2016	3.000 D	1	**-3.000,00**
TOTAL			**-70.250,00**

2º passo: Dividir o valor dos juros pela soma do valor de todos os saldos devedores

Total de juros: **R$ 281,00**

Soma do valor dos saldos devedores: **R$ 70.250,00**

Taxa dia: 281,00 / 70.250,00 = **0,0040**

3º passo: Multiplicar o valor encontrado por 30

Taxa mês: 0,0040 x 30 = 0,12 (**12% a.m.**)

Caso a cobrança fosse realizada com **base em dias úteis:**

Saldo disponível: R$ 2.250,00

Limite cheque especial: R$ 15.000,00

19 – Cheque Especial e Conta Garantida

DATA	HISTÓRICO	LANÇAMENTO	SALDO
01/04/2016	SALDO ANTERIOR		2.250 C
03/04/2016	CHEQUE	10.000 D	7.750 D
08/04/2016	DÉBITO AUTOMÁTICO	5.250 D	13.000 D
10/04/2016	DEPÓSITO ONLINE	14.000 C	1.000 C
24/04/2016	SAQUE	1.500 D	500 D
29/04/2016	TRANSFERÊNCIA ON-LINE	2.500 D	3.000 D
30/04/2016	REMUNERAÇÃO/SALÁRIO	5.000 C	2.000 C

Cálculo dos juros:

12% dividido por 22 dias = 0,5455% por dia (0,005455)

DATA	SALDO	DIA SEMANA	DIAS A DESCOBERTO	JUROS
01/04/2016	2.250 C	Sexta-feira		0
03/04/2016	7.750 D	Domingo	4	169,11
08/04/2016	13.000 D	Sexta-feira	1	70,92
10/04/2016	1.000 C	Domingo		0
24/04/2016	500 D	Domingo	4	10,91
29/04/2016	3.000 D	Sexta-feira	1	16,37
TOTAL				267,31

19.3. MODELO DE COBRANÇA DE CHEQUE ESPECIAL

A seguir demonstramos um exemplo de cobrança de cheque especial praticado pelo Banco Itaú:

Quadro – Exemplo de cobrança de cheque especial

Veja alguns exemplos de taxas de juros de LIS a serem pagas:

Valor Utilizado		Quantidade de dias úteis com utilização do Limite						IOF[3] a ser pago (R$) (dias corridos)[4]		CET(%)[3]	
		1	5	10	15	20	22			Ao mês	Ao ano
		Juros a serem pagos pela utilização do Limite (R$)[5]						1 dia	30 dias	30 dias	365 dias
Taxa máxima LIS e LIS Adicional[6] 12,99% a.m.	R$ 1.000,00	5,90	29,52	59,04	88,56	118,09	129,90	3,88	6,26	13,62%	372,82%
Taxa Plano de Vantagens Itaú com Juros Reduzidos (sem vínculo salarial) 11,99% a.m.		5,45	27,25	54,50	81,75	109,00	119,90			12,62%	324,61%
Taxa Plano de Vantagens Itaú com Juros Reduzidos (com vínculo salarial) 11,49% a.m.		5,22	26,11	52,22	78,34	104,45	114,90			12,12%	302,23%

A simulação leva em consideração a taxa máxima de juros, lembrando que os juros do LIS serão cobrados da data de vencimento do contrato, e o IOF, no primeiro dia útil do mês subsequente.

1. Taxa válida para clientes aderentes ao Plano de Vantagens Itaú com Juros Reduzidos e que cumpram os critérios de elegibilidade. Para mais informações, confira o regulamento no site: www.itau.com.br/conta-corrente/tarifas.
2. IOF calculado de acordo com alíquota vigente, com utilização constante do "Valor utilizado" durante o mês de 30 dias inteiro.
3. Custo Efetivo Total (CET) calculado com base em um limite de R$ 1.000,00.
4. Quantidade de dias corridos: 30 no período. Quantidade de dias úteis: 22 no período.
5. Juros calculados com utilização constante do "Valor utilizado".
6. LIS Adicional: produto fechado para novas contratações.

Fonte: www.itau.com.br

<u>Base de Cálculo:</u>

Taxa nominal mensal: **12,99%** a.m.

IOF: **0,38%** (1 dia) e **0,63%** a.m. (**0,38% + 0,0082%** a.d. x 30)

Custo efetivo mensal: **13,62%** a.m. (**12,99% + 0,63%**)

Custo efetivo anual (365 dias): **372,82%** a.a. [$(1,1362)^{12}$ x $(1,1362)^{5/30}$] – 1

Juros do cheque especial por dia: **12,99%** / 22 = **0,59%** a.d.

Valor por dia: **R$ 5,90** (**0,59%** x R$ 1.000,00)

19.4. IOF NO CHEQUE ESPECIAL

A cobrança do IOF **em transações envolvendo o cheque especial de pessoas físicas** se dá da seguinte forma (conforme Decreto nº 8.392 de 2015):

- Alíquota de **0,0082%** ao dia sobre todo o saldo devedor do período (para a pessoa jurídica a alíquota é **0,0041%**);
- Alíquota adicional de **0,38%** a cada novo saque.

IMPORTANTE:

Embora os cálculos sejam diários, **a cobrança do IOF é mensal**, assim como ocorre com os juros do banco, e o valor é debitado automaticamente na conta corrente do cliente.

Segundo a Receita Federal, **a cobrança só deve ser feita no fim de cada mês e o saldo devedor que passa de um mês para outro não sofre nova incidência de IOF adicional.**

A incidência ocorre quando o saldo devedor passa de um dia para o outro. Por exemplo, caso o mutuário tenha contratado o cheque especial em 29/10 e virado o mês dessa forma, a cobrança incide nos dias 29/10, 30/10 e 31/10, pois durante esses 3 dias o saldo permaneceu negativo.

O recolhimento do IOF é **limitado a 365 dias**.

Exemplo:

Determinado cliente utilizou o cheque especial nas seguintes ocasiões no mês de setembro de 2018:

R$ 1.000,00 no dia 05/09

R$ 1.000,00 no dia 17/09

R$ 500,00 no dia 27/09

Logo, o banco deverá cobrar da seguinte forma:

0,38% de R$ 1.000,00 em relação à utilização no dia 05/09 = **R$ 3,80**

0,0082% X R$ 1.000,00 X 12 relativos ao período entre 05/09 a 17/09 em que ficou com saldo devedor de R$ 1.000,00 = **R$ 0,98**

0,38% de R$ 1.000,00 em relação a utilização no dia 17/09 = **R$ 3,80**

0,0082% X R$ 2.000,00 X 10 relativos ao período entre 17/09 a 27/09 em que ficou com saldo devedor de R$ 2.000,00 = **R$ 1,64**

0,38% de R$ 500,00 em relação a utilização no dia 27/09 = **R$ 1,90**

0,0082% X R$ 2.500,00 X 4 relativos ao período do dia 27/09 a 30/09 em que em que que ficou com saldo devedor de R$ 2.000,00 = **R$ 0,82**

Total cobrado de IOF = **R$ 12,94**

Data	Valor	IOF adicional	Saldo Devedor	Dias	IOF Diário	IOF total
05/09	1.000,00	3,80	1.000,00	12	0,98	4,78
17/09	1.000,00	3,80	2.000,00	10	1,64	5,44
27/09	500,00	1,90	2.500,00	4	0,82	2,72
						12,94

EXERCÍCIO RESOLVIDO:

Determinada pessoa física apresentou a seguinte movimentação financeira no ano de 2015:

17/05/2015 – Saldo zerado

18/05/2015 – Depósito recebido de R$ 1.000,00

19/05/2015 – Saque de R$ 500,00

19 – Cheque Especial e Conta Garantida

23/05/2015 – Depósito recebido de R$ 800,00

23/05/2015 – Saque de R$ 1.200,00

24/05/2015 – Saque de R$ 1.500,00

25/05/2015 – Pagamento de contas no valor de R$ 2.000,00

30/05/2015 – Depósito recebido de R$ 400,00

31/05/2015 – Saque de R$ 1.500,00

01/06/2015 – Transferência efetuada para terceiros de R$ 500,00

13/06/2015 – Transferência recebida de R$ 2.000,00

14/06/2015 – Saque de R$ 500,00

15/06/2015 – Saque de R$ 500,00

16/06/2015 – Depósito recebido de R$ 500,00

16/06/2015 – Saque de R$ 1.000,00

17/06/2015 – Saque de R$ 500,00

Considerando uma taxa de juros no cheque especial de **9% ao mês**, qual o valor a ser pago de juros remuneratórios e IOF durante esse período com base nos **dias corridos**?

SOLUÇÃO:

Movimentação bancária

DATA	HISTÓRICO	LANÇAMENTO	SALDO
18/05/2015	DEPÓSITO REC	1.000 C	1.000
19/05/2015	SAQUE	**500 D**	500
23/05/2015	DEPÓSITO REC	800 C	1.300
23/05/2015	SAQUE	**1.200 D**	100
24/05/2015	SAQUE	**1.500 D**	-1.400
25/05/2015	PGTO CONTAS	**2.000 D**	-3.400
30/05/2015	DEP RECEBIDO	400 C	-3.000
31/05/2015	SAQUE	**1.500 D**	-4.500
01/06/2015	TRANSF EFET	**500 D**	-5.000
13/06/2015	TRANSF RECEB	2.000 C	-3.000

DATA	HISTÓRICO	LANÇAMENTO	SALDO
14/06/2015	SAQUE	500 D	-3.500
15/06/2015	SAQUE	500 D	-4.000
16/06/2015	DEPÓSITO REC	500 C	
16/06/2015	SAQUE	1.000 D	-4.500
17/06/2015	SAQUE	500 D	-5.000

9% ao mês / 30 dias = 0,30% a.d. (0,0030)

Base de Cálculo (Dias corridos)

DATA	SALDO	DIAS A DESCOBERTO	JUROS
24/05/2015	-1.400	1	-4,20
25/05/2015	-3.400	5	-51,00
30/05/2015	-3.000	1	-9,00
31/05/2015	-4.500	1	-13,50
01/06/2015	-5.000	12	-180,00
13/06/2015	-3.000	1	-9,00
14/06/2015	-3.500	1	-10,50
15/06/2015	-4.000	1	-12,00
16/06/2015	-4.500	1	-13,50
17/06/2015	-5.000	1	-15,00
TOTAL			-317,70

Maio						
Data	Valor (R$)	IOF adicional	Saldo Devedor	Dias	IOF diário	IOF total
24/05/2015	1.400,00	5,32	1.400,00	1	0,11	5,43
25/05/2015	2.000,00	7,60	3.400,00	5	1,39	8,99
30/05/2015	0,00	0,00	3.000,00	1	0,25	0,25
31/05/2015	1.500,00	5,70	4.500,00	1	0,37	6,07
TOTAL IOF						20,74

19 – Cheque Especial e Conta Garantida

Junho						
Dia	Valor (R$)	IOF adicional	Saldo Devedor	Dias	IOF diário	IOF total
01/06/2015	500,00	1,90	5.000,00	12	4,92	6,82
13/06/2015	0,00	0,00	3.000,00	1	0,25	0,25
14/06/2015	500,00	1,90	3.500,00	1	0,29	2,19
15/06/2015	500,00	1,90	4.000,00	1	0,33	2,23
16/06/2015	500,00	1,90	4.500,00	1	0,37	2,27
17/06/2015	500,00	1,90	5.000,00	1	0,41	2,31
TOTAL IOF						**16,06**

20 CARTÃO DE CRÉDITO

É um meio de pagamento que, **mediante intermediação de uma administradora**, permite ao usuário o pagamento futuro de suas compras, em data determinada, sendo criado com a finalidade de promover o mercado de consumo, facilitando as operações de compra.

As partes envolvidas em uma operação com cartão de crédito são: o **consumidor**, a **administradora do cartão** e o **fornecedor de produtos e serviços** que integra a rede credenciada.

Cabe ressaltar que a administradora **não é autorizada pelas normas do Banco Central a "emprestar dinheiro"**, ou seja, financiar os saques e compras a prazo para o consumidor. Sendo assim, recorre **às instituições financeiras**, tomando empréstimo para saldar o débito cujos custos são repassados para o consumidor.

Nesse modelo, o cliente possui as seguintes formas de pagamento da fatura do cartão:

- Pagamento com o **valor integral**, na data de vencimento
- Pagamento **parcelado da compra**, devendo ser informado sobre eventuais acréscimos de juros no parcelamento
- Pagamento mínimo, que **girava atualmente por volta de 15% do valor integral da fatura** utilizando o chamado "crédito rotativo". Assim o consumidor estava financiando <u>o saldo da diferença verificada entre o valor total da fatura e o valor pago</u>, **mediante o pagamento de encargos**

20.1. MAIORES DEMANDAS JUDICIAIS EM CONTRATOS DE CARTÃO DE CRÉDITO

As principais demandas judiciais no que se referem a cartão de crédito são:

- Taxa de juros abusiva
- Capitalização dos juros

20 – Cartão de Crédito

Nesse contexto, os quesitos mais comuns a serem respondidos pelos peritos são:

> Queira o Sr. Perito verificar se houve cobrança de encargos para as faturas. Caso afirmativo, especifique-as.
>
> Queria o Sr. Perito informar se os pagamentos foram efetuados de formal parcial ou integral.
>
> Queira o Sr. Perito informar se o valor do pagamento mínimo fixado nas faturas mensais é superior ou inferior ao montante de encargos contratuais incidentes no período.
>
> Queira o Sr. Perito informar se a taxa de juros praticada pela administradora de cartão de crédito é abusiva.
>
> Queira o Sr. Perito verificar se houve a prática do anatocismo na cobrança das faturas.
>
> Queria o Sr. Perito elaborar tabela com os encargos cobrados através de capitalização simples.

20.2. CONTRATO DE ADESÃO

O contrato de cartão é um **contrato de adesão,** uma vez que suas cláusulas são estabelecidas unilateralmente pelo fornecedor, sem que o consumidor possa discutir ou modificar substancialmente seu conteúdo.

Exemplos de trechos contidos no contrato de adesão de determinado cartão:

> **2. ADESÃO AO CONTRATO**
> a) A sua adesão a este Contrato poderá ocorrer de duas formas: (i) no momento em que você solicitar o desbloqueio de seu Cartão na central de atendimento ou nos canais disponibilizados pelo Emissor; ou (ii) no momento em que você realizar a "primeira compra", para os casos em que sua proposta de adesão permitir a realização da compra antes do recebimento do plástico.
> **Lembre-se: ao aderir você estará concordando com as regras estabelecidas neste Contrato.**
> b) A partir da adesão a qualquer cartão, titular ou adicional, será cobrada a tarifa de anuidade tanto do Cartão do titular, quanto a dos cartões adicionais solicitados.

9. PAGAMENTO DA FATURA E ENCARGOS

a) Em cada mês, você poderá optar por uma das opções de pagamento indicadas abaixo e apresentadas na sua Fatura:

(i) Preferencialmente, pagar o valor **total** da sua Fatura **até a data de vencimento**, hipótese em que não serão devidos juros, permanecendo devidos apenas os **Encargos já incidentes sobre operações de crédito (tais como compras parceladas com encargos pelo Emissor, Retirada de Recursos**, financiamento do saldo da Fatura, Pagamento de Contas, crédito pessoal ou operações de renegociação).

(ii) Pagar qualquer quantia entre o menor valor do Pagamento para Rotativo e o total da Fatura, desde que diferente do valor indicado para Parcelas Fixas. **Nesse caso, o saldo restante da Fatura será financiado pelo Emissor, e serão cobrados na próxima Fatura:** juros e IOF sobre o valor não pago, calculado desde a data de vencimento da Fatura vigente até seu pagamento integral, ou até a data de vencimento da próxima Fatura, o que ocorrer primeiro. Os juros incidirão diariamente sobre o saldo remanescente da Fatura vigente até seu pagamento integral, sendo que eventuais ajustes decorrentes de pagamentos efetuados após a data de corte da próxima Fatura serão lançados como crédito em Fatura subsequente.

(iii) Contratar com o Emissor o parcelamento de Fatura em Parcelas Fixas, por meio do pagamento do valor exato da primeira parcela indicada na Fatura, conforme opções apresentadas a você. Você também pode conferir outras opções de parcelamento e parcelar sua fatura por meio da central de atendimento, internet ou outros canais disponibilizados pelo Emissor. **Sobre o valor total parcelado serão devidos Encargos.** As parcelas serão lançadas mensalmente na Fatura, para pagamento na data de vencimento da Fatura.

10. ATRASO OU FALTA DE PAGAMENTO

a) Caso você não efetue qualquer pagamento até a data de vencimento ou, ainda, pague um valor inferior ao Pagamento para Rotativo (ou inferior ao Pagamento Mínimo para Financiamento, quando disponível), você estará em atraso e deverá pagar, além dos juros remuneratórios (cujo valor máximo é indicado no campo "Juros máximos do contrato" da Fatura) e IOF sobre o saldo restante, os encargos de atraso: (i) multa de 2% sobre o valor não pago; e (ii) juros moratórios de 1% ao mês.

Atenção: os Encargos incidem diariamente, de forma capitalizada, sobre o saldo remanescente da Fatura vigente, desde a data de vencimento da Fatura vigente até (i) o seu pagamento integral ou (ii) o pagamento de valor equivalente ao Pagamento Mínimo para Financiamento, se realizado até 5 (cinco) dias antes do corte da próxima Fatura. A multa e os Encargos serão lançados na próxima Fatura, calculados desde a data de vencimento da Fatura vigente até (i) a data do seu pagamento integral ou a data do último pagamento cujo valor, somado aos anteriores, resulte no Pagamento Mínimo para Financiamento, se disponível (se realizado até 5 (cinco) dias antes do corte da próxima), ou (ii) a data de vencimento da próxima Fatura (se não houver pagamento integral até a data de corte da próxima Fatura). **Eventuais ajustes decorrentes de pagamentos efetuados após a data de corte da próxima Fatura serão lançados como crédito em Fatura subsequente.**

> **14. ALTERAÇÃO DO CONTRATO**
> a) O Emissor poderá alterar qualquer das condições deste Contrato, comunicando você com, no mínimo, 15 dias de antecedência, por escrito, por qualquer meio, inclusive mensagem na Fatura. Caso você não concorde com as alterações, deverá imediatamente cancelar o Cartão, rescindindo este Contrato.
> b) O não cancelamento ou o uso do Cartão após comunicação da alteração implica sua aceitação às novas condições do Contrato.

20.3. COMPOSIÇÃO DOS ENCARGOS NO CARTÃO DE CRÉDITO

Quem define o <u>percentual mínimo a ser pago</u> no vencimento da fatura é o **Banco Central,** de acordo com a política financeira nacional e em conformidade com a necessidade de restringir ou fomentar o crédito visando a expansão da economia ou a necessidade de controlar a inflação via controle das taxas de juros e do crédito.

Os encargos sobre o saldo devedor são compostos por 3 itens:

- Remuneração de Garantia
- Taxa de Administração
- Custos do financiamento

Embora as taxas de juros do crédito rotativo sejam definidas pelas próprias instituições financeiras dentro do perfil de risco dos clientes, **desde abril de 2017** as administradoras não podem mais financiar o saldo devedor dos clientes nesta modalidade **por mais de 1 mês.**

A partir daí o saldo devedor <u>deverá ser parcelado em linha de crédito</u> a ser oferecido pela instituição financeira com juros mais baixos.

A ideia é dar maior previsibilidade para as instituições financeiras e diminuir os riscos de inadimplência, tendo em vista que essa modalidade de crédito é uma das mais caras do país com juros que chegaram a mais de 400% ao ano.

> **IMPORTANTE:**
> Quando não ocorre o pagamento das prestações mensais do parcelamento obtido no cartão de crédito são previstos outros encargos como: **atualização monetária** (normalmente IGP-M), **juros de mora** (1% a.m.) e **multa** (2% ou 10%).

20.4. MUDANÇAS A PARTIR DE JUNHO DE 2018

Desde **junho de 2018** novas mudanças ocorreram com a finalidade de reduzir ainda mais os juros cobrados pelas operadoras de cartão de crédito:

- Limitação no valor dos encargos em caso de atraso
- Proibição de cobrança de taxa de juros maior para inadimplentes
- Fim da exigência de pagamento mínimo de 15% da fatura
- Definição de percentual mínimo de pagamento da fatura com base no perfil do cliente

COMO ERA	COMO PASSOU A SER
Cliente pode fazer o **pagamento mínimo do cartão** de 15% da fatura, por um mês, e acessar o crédito rotativo.	Cada banco poderá **definir o percentual do pagamento** mínimo e o cliente poderá fazê-lo apenas uma vez.
No mês seguinte, ele precisa aderir a uma **linha de parcelamento de crédito**, com juros menores que o rotativo.	Não muda.
Os bancos cobram **outra taxa de juros de clientes** inadimplentes, chamado de **"rotativo não regular"**.	A taxa dos inadimplentes será a do **rotativo regular**, mais **multa de 2%** e **juros moratórios de 1%** ao mês.

20.5. CAPITALIZAÇÃO DOS JUROS

Quando o usuário paga a fatura do cartão na data do vencimento pelo valor total, não há encargos, entretanto, quanto existe o financiamento do débito, sobre **este incidem encargos**.

Os encargos são computados **mensalmente**, portanto, quando o usuário faz os pagamentos mensais nas datas de vencimento, não existe a cobrança de encargos.

Todavia, quando não é realizado o pagamento da prestação e acumula-se com a seguinte, para muitos ocorre **"a chamada capitalização dos encargos"**.

Dessa forma, as principais discussões judiciais em relação a cartão de crédito dizem respeito **às taxas de juros abusivas** e a **possível prática de anatocismo**.

Importante ressaltar que, no pagamento mínimo, caso o desembolso seja suficiente para cobrir pelo menos os encargos, **não há que se falar em capitalização dos juros ou anatocismo**.

> **IMPORTANTE**
> Vale lembrar que nas operações de parcelamento do saldo devedor do cartão de crédito também incidem IOF.

20.6. EXEMPLO DE CÁLCULO COM CARTÃO DE CRÉDITO

Segue o histórico de compras e pagamentos de determinado usuário no cartão de crédito no ano de 2015, considerando que a taxa de juros no crédito rotativo é de 15%, juros de mora de 1% a.m. e multa de 2%:

Mês de dezembro de 2014:

Consumo no Cartão: R$ 612,00

Saldo da Fatura no Vencimento: R$ 612,00

Fatura de Vencimento: 01/01/15

Mês de janeiro de 2015:

Pagamento realizado em 01/01/15: R$ 612,00

Consumo no Cartão: R$ 1.012,00

Saldo da Fatura no Vencimento: R$ 1.012,00

Fatura de Vencimento: 01/02/15

Mês de fevereiro de 2015:

Pagamento realizado em 01/02/15: Não houve pagamento

Pagamento realizado em 15/02/15: R$ 202,40

Consumo no Cartão: R$ 812,00

Encargos Contratuais: R$ 127,51

Juros de Mora: R$ 4,72

Multa: R$ 20,24

Saldo da Fatura no Vencimento: R$ 1.774,07

Fatura de Vencimento: 01/03/15

Mês de março de 2015:

Pagamento realizado em 01/03/15: Não houve pagamento

Consumo no Cartão: Não houve consumo

Encargos Contratuais: R$ 274,98

Juros de Mora: R$ 18,33

Multa: R$ 35,48

Saldo da Fatura no Vencimento: R$ 2.102,87

Fatura de Vencimento: 01/04/15

Mês de abril de 2015:

Pagamento realizado em 01/04/15: R$ 420,57

Consumo no Cartão: R$ 100,00

Encargos Contratuais: R$ 252,34

Fatura de Vencimento: 01/05/15

Saldo da Fatura no Vencimento: R$ 2.034,64

Detalhes dos cálculos:

20 – Cartão de Crédito

Dezembro

Saldo Anterior	Pgto.	Data de Pgto.	Saldo Financ.	Consumo Cartão	Juros Rem.	Juros de Mora	Multa	Saldo	Data Vcto.
			0,00	612,00	0,00	0,00	0,00	612,00	01/02/2015

Janeiro

Saldo Anterior	Pgto.	Data de Pgto.	Saldo Financ.	Consumo Cartão	Juros Rem.	Juros de Mora	Multa	Saldo	Data Vcto.
612,00	612,00	01/01/2015	0,00	1.012,00	0,00	0,00	0,00	1.012,00	01/02/2015

Fevereiro

Saldo Anterior	Pgto.	Data de Pgto.	Saldo Financ.	Consumo Cartão	Juros Rem.	Juros de Mora	Multa	Saldo	Data Vcto.
1.012,00	202,00	15/02/2015	809,6	812,00	127,51	4,72	20,24	1.774,07	01/03/2015

Multa: 2% x 1.012,00 =   20,24
Juros de mora: 1%/30 x 14 dias (01/02 a 15/02) x 1.012,00 =   4,72
Juros remuneratórios: 15%/30 x 14 dias (01/02 a 15/02) x 1.012,00 = 70,84
15%/30 x 14 dias (15/02 a 01/03) x 809,60 =   56,67
                        Total   **127,51**

Março

Saldo Anterior	Pgto.	Data de Pgto.	Saldo Financ.	Consumo Cartão	Juros Rem.	Juros de Mora	Multa	Saldo	Data Vcto.
1.774,07	0,00		1.774,07	0,00	274,98	18,33	35,48	2.102,87	01/04/2015

Multa: 2% x 1.774,07 =   35,48
Juros de mora: 1%/30 x 31 dias (01/03 a 01/04) x 1.774,07 =   18,33
Juros remuneratórios: 15%/30 x 31 dias (01/03 a 01/04) x 1.774,07 = 274,98

Abril

Saldo Anterior	Pgto.	Data de Pgto.	Saldo Financ.	Consumo Cartão	Juros Rem.	Juros de Mora	Multa	Saldo	Data Vcto.
2.102,87	420,57	01/04/2015	1.682,30	100,00	252,34	0,00	0,00	2.034,64	01/05/2015

Juros remuneratórios:
15%/30 x 30 dias (01/04 a 01/05) x 1.682,30 = 252,34

Quadro demonstrativo final

Mês	Saldo Anterior	Pagamento Realizado	Data de Pagamento	Saldo Financiado	Consumo Cartão	Encargos Financeiros	Juros de Mora	Multa	Saldo	Data Vencimento
Dezembro	0,00	0,00		0,00	612,00	0,00	0,00	0,00	612,00	01/01/2015
Janeiro	612,00	612,00	01/01/2015	0,00	1.012,00	0,00	0,00	0,00	1.012,00	01/02/2015
Fevereiro	1.012,00	202,40	15/02/2015	809,60	812,00	127,51	4,72	20,24	1.774,07	01/03/2015
Março	1.774,07	0,00		1.774,07	0,00	274,98	18,33	35,48	2.102,87	01/04/2015
Abril	2.102,87	420,57	01/04/2015	1.682,30	100,00	252,34	0,00	0,00	2.034,64	01/05/2015

20.7. MODELO DE FATURA DE CARTÃO DE CRÉDITO

A seguir apresentaremos um modelo de fatura de cartão de crédito:

20 – Cartão de Crédito

PARCELAMENTO DE FATURA
Aproveite e tenha mais flexibilidade para pagar a fatura do seu cartão.

Veja uma sugestão de Parcelamento de Fatura ¹:

Valor desta fatura	Pague a 1ª Parcela de:		Parcelas Mensais fixas
R$ 355,50	R$ 48,37	+ 11 x	R$ 48,37

Confira os benefícios:

- Mais tempo para pagar a fatura do seu cartão.
- Parcelas fixas, lançadas mensalmente na sua fatura.
- Você continua utilizando seu cartão normalmente, conforme limite disponível. E, a cada parcela paga, o limite de crédito é restabelecido na proporção do valor pago.

Parcele esta fatura até: 05/nov/18 com taxa de juros de 9,99% ao. mês (213,50% ao ano)

Veja outras opções:

24x R$	37,23
18x R$	40,48
15x R$	43,49
11x R$	50,68
08x R$	61,48
06x R$	75,12
04x R$	102,97

Escolha o plano em destaque acima ou qualquer outro do quadro ao lado.

Para contratar, basta pagar o valor exato da 1ª parcela.

Se você já contratou/simulou o Parcelamento de Fatura ou Total Parcelado em algum outro canal do Santander, estas ofertas não são mais válidas.

O custo efetivo total (CET) máximo é de 241,26% ao ano, com IOF de R$ 3,57 que corresponde a 1% do valor total devido no ato da contratação (R$ 355,50).

O parcelamento da Fatura inclui apenas o valor total da fatura no momento da contratação, sem considerar as compras parceladas a vencer nos próximos meses. 1. O Custo Efetivo Total (CET) é de 232,83% ao ano, com IOF de R$ 7,18, que corresponde a 2,02% do valor total devido no ato da contratação (R$ 355,50).

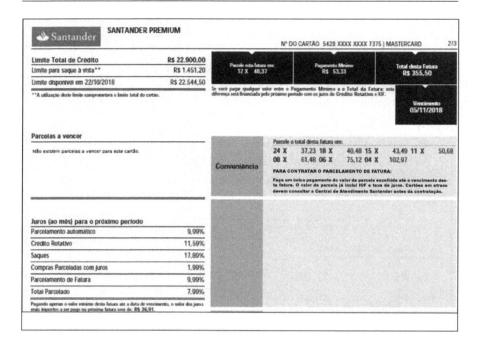

Operação de Crédito	Taxa de juros ao mês (%)	Taxa de juros ao ano (%)	IOF Adicional (%)	IOF (%)	Seguro Prestamista (%) (se contratado)	Tarifa (R$)	Custo Efetivo Total ao ano (%)
Crédito Rotativo	11,59	272,82	0,38	0,2460	-	-	298,45
Compras Parceladas c/ juros	1,99	26,67	0,38	0,2460	-	-	34,67
Parcelamento da Fatura	9,29	190,37	0,38	0,2460	4,10	-	350,05
SuperCrédito	-	-	-	-	-	-	-
Total Parcelado	7,43	136,32	0,38	0,2460	5,10	-	295,61
Parcelamento Automático	-	-	-	-	-	-	-
Pagamento de contas	-	-	-	-	-	25,50	45,52

Pagamento em atraso

A falta de pagamento ou o pagamento inferior ao mínimo da fatura até a data de vencimento acarreta a cobrança de juros remuneratórios, IOF, multa de 2% e juros moratórios de 1% ao mês, estes calculados sobre o valor da obrigação vencida acrescido da multa. Os juros remuneratórios serão cobrados a taxa praticada para o "Crédito Rotativo" indicada na fatura, exceto para eventual parcela do Parcelamento Automático para qual será aplicada a taxa do Parcelamento Automático contratado.

Base de cálculo dos encargos e impostos caso fosse pago apenas o mínimo:

Valor Total da Fatura:	R$ 355,50
Valor mínimo:	R$ 53,33
Valor a ser financiado:	R$ 302,17 (Crédito Rotativo)
Crédito Rotativo:	11,59%
IOF diário:	0,0082% a.d.
IOF adicional:	0,38%
Encargos + Impostos (%):	12,216% (0,12216)
Encargos + Impostos (R$):	0,12216 x 302,17 = **R$ 36,91**

21 DESCONTO DE RECEBÍVEIS

O desconto de títulos recebíveis é o adiantamento de recursos ao cliente, feito por um banco ou por uma empresa de *factoring*, sobre valores de duplicatas ou cheques com vencimento futuro em relação à data deste tipo de empréstimo.

Neste tipo de operação, o banco adianta à empresa sacadora o valor líquido dos títulos e se compromete a cobrá-los aos sacados, mas não assume o risco de inadimplência do sacado/devedor e mantém em contrato o direito de regresso.

Dessa forma, pelo fato de fazer um adiantamento financeiro em relação às datas de vencimento de cada título, o banco na verdade, faz um empréstimo tendo como garantia o recebimento dos valores de face grafados nos títulos.

É por isso, que conhecendo **o valor de face de cada título**, sobre ele aplica um "desconto" que corresponde à sua renda (juros) e credita na conta do cliente o valor líquido da operação.

Os títulos objeto de operação de desconto são: cheques pré-datados, duplicatas mercantis e/ou prestação de serviços, direitos por operações de cartão de crédito e notas promissórias.

O desconto deve ser entendido como a **diferença entre o valor de resgate de um título e o seu valor presente na data da operação**.

Assim como no caso dos juros, o valor do desconto também está associado a uma taxa e a determinado período.

Os bancos normalmente utilizam o desconto simples, na qual é obtido pela seguinte expressão matemática:

$$D = VF \times i \times n$$

21 – Desconto de Recebíveis

Onde:

D = Desconto
VF = Valor Futuro
i = Taxa
n = Período

Pelo serviço de adiantamento do valor dos cheques pré-datados e duplicatas emitidas, o banco desconta:

- O valor que corresponde à taxa de juros pactuada (capitalização simples)
- IOF (Imposto sobre Operações Financeiras)
- Despesas de Manuseio, classificação e guarda dos cheques/duplicatas até a data do vencimento
- Despesas de cobrança

Exemplo:

Suponha uma duplicata no valor nominal de R$ 15.000,00, sendo descontada 50 dias antes do seu vencimento. A taxa de desconto simples cobrada pelo banco é de 3,3% a.m., despesas administrativas de 1,5% sobre o valor principal, IOF de 0,38% sobre a operação e o IOF diário de 0,0082%. Qual o custo efetivo dessa operação?

Resolução:

Valor nominal: R$ 15.000,00

Taxa de desconto: 3,3% a.m. (0,11% a.d.)

Valor do desconto: R$ 15.000,00 x 0,0011 x 50 = R$ 825,00

Valor do principal: R$ 15.000,00 – R$ 825,00 = R$ 14.175,00

IOF: 0,000082 x 50 x R$ 14.175,00 = R$ 58,12

IOF adicional: 0,0038 x R$ 14.175,00 = R$ 53,87

Despesas administrativas: 0,015 x R$ 14.175,00 = R$ 212,63

Valor líquido recebido: R$ 15.000,00 – R$ 825,00 – R$ 58,12 – R$ 53,87 – R$ 212,63 = **R$ 13.850,38**

Custo nominal:

R$ 15.000,00 − R$ 13.850,38 = **R$ 1.149,62**

Custo efetivo total

$\dfrac{\text{Custo Nominal}}{\text{Valor Presente}} = \dfrac{\text{R\$ 1.149,62}}{\text{R\$ 13.850,38}} = 0{,}08300277$ (8,30% para 50 dias)

Custo efetivo mensal

$(1 + i)^{1/n} - 1 \Rightarrow (1{,}08300277)^{30/50} - 1 = 0{,}049005444$ (**4,90% a.m.**)

Prova Real

$13.850{,}38\,(1+i)^n \Rightarrow 13.850{,}38\,(1{,}049005444)^{50/30} =$ **R$ 15.000,00**

22 CONTRATOS DE LEASING

O *leasing* é um contrato denominado na legislação brasileira como "arrendamento mercantil". As partes desse contrato são denominadas "**arrendador**" (banco ou sociedade de arrendamento mercantil) e "**arrendatário**" (cliente). O arrendador adquire o bem escolhido pelo arrendatário, e este o utiliza durante o contrato, mediante o pagamento de uma contraprestação.

O arrendador é, portanto, o proprietário do bem, sendo que a posse e o usufruto, durante a vigência do contrato, são do arrendatário. A operação de arrendamento mercantil assemelha-se a um contrato de aluguel, e pode prever ou não a opção de compra, pelo arrendatário, do bem de propriedade do arrendador.

Inclusive esta é a principal diferença entre o *leasing* e o financiamento tradicional, já que neste último caso o bem é de propriedade do contratante, já no ato da compra.

Outra característica do *leasing* é **a cobrança do VRG (Valor Residual Garantido)**, que é pago **independentemente do valor das prestações mensais** e se constitui em uma garantia da empresa arrendadora, para a eventualidade de o arrendatário não exercer sua opção de compra.

> **IMPORTANTE**
>
> Existe limitação de prazo no contrato de *leasing*. O prazo mínimo de arrendamento é de dois anos para bens com vida útil de até cinco anos e de três anos para os demais.
>
> Por exemplo, para veículos o prazo mínimo é de 24 meses e para outros equipamentos e imóveis, o prazo mínimo é de 36 meses (bens com vida útil superior a cinco anos).
>
> Existe, também, modalidade de operação, denominada *leasing* operacional, em que o prazo mínimo é de 90 dias e o máximo de 75% da vida útil do bem arrendado.

> Não é possível quitar o contrato de *leasing* antes do encerramento do prazo. O contrato de *leasing* tem prazo mínimo definido pelo Banco Central. Em face disso, não é possível a "quitação" da operação antes desse prazo. O direito à opção pela compra do bem só é adquirido ao final do prazo de arrendamento.
>
> Por isso, não é aplicável ao contrato de arrendamento mercantil a faculdade de o cliente quitar e adquirir o bem antecipadamente. No entanto, é admitida, desde que esteja previsto no contrato, a transferência dos direitos e obrigações a terceiros, mediante acordo com a empresa arrendadora.
>
> Caso a quitação ocorra antes dos prazos mínimos estipulados, o contrato perde sua caracterização legal de arrendamento mercantil e a operação passa a ser classificada como de compra e venda a prazo.
>
> Nesse caso, as partes devem arcar com as consequências legais e contratuais que essa descaracterização pode acarretar.

A principal vantagem do *leasing* é que os juros praticados normalmente são mais baixos do que em financiamentos, já que o bem é de propriedade do arrendador e não do arrendatário. Por conta disso, nem sempre é necessário apresentar diversas garantias, tornando a sua contratação mais ágil.

22 – Contratos de Leasing

Além disso, não há incidência de Imposto sobre Operações Financeiras (IOF), sendo possível realizar *leasing* para qualquer tipo de bem e até 100% de seu valor. O imposto a ser pago em contratos de *leasing* (somente nas modalidades de *leasing* financeiro) é o Imposto sobre Serviços (ISS).

As desvantagens do contrato de *leasing* é que além de não poder quitar o bem antes do fim do contrato (para não descaracterizá-lo), algumas cláusulas do contrato são de difícil entendimento e alguns podem ter cláusulas pós-fixadas de acordo com a variação cambial.

Nos casos de inadimplência, as empresas podem cobrar multa de 2% por atraso de pagamento, juros de mora de 1% ao mês ou comissão de permanência. Em último caso, o bem pode até ser retomado pela financeira e depois vendido. Se o valor obtido no mercado for menor do que consta no contrato, o cliente deverá cobrir a diferença, descontada as contraprestações já pagas por ele.

Por último, os contratos de *leasing* podem prever que o valor da contraprestação mensal e do VRG sejam mensalmente corridos por um indexador contratado (geralmente IGP-M ou dólar quando se trata de bem importado).

> **IMPORTANTE**
> Praticamente todos os contratos de *leasing* utilizam como sistema de cálculo o sistema francês de amortização, a chamada "Tabela Price".

22.1. MAIORES DEMANDAS JUDICIAIS EM CONTRATOS DE *LEASING*

Os questionamentos judiciais de contratos de *leasing* são feitos, geralmente, sobre os seguintes temas:

- Taxa elevada de juros embutida no cálculo da prestação mensal
- Presunção de existência do anatocismo na aplicação da taxa de juros do financiamento, pois os cálculos são feitos com base na Tabela Price

- Valor da prestação mensal exorbitante em face do bem arrendado
- Cobrança do Valor Residual Garantido antecipado. Entendem alguns advogados, que este procedimento é abusivo, pois o valor residual seria devido pela arrendatária somente ao final do contrato e se optasse pela compra do bem.
- Demais encargos e gastos decorrentes do uso do bem e dos termos do contrato
- Contratos indexados ao dólar americano
- Perda das prestações pagas no caso de busca e apreensão do bem objeto de arrendamento

22.2. CONTRAPRESTAÇÃO MENSAL

A contraprestação é o valor devido periodicamente pela arrendatária através da qual se amortizam o valor original do bem mais os encargos financeiros.

Tendo em vista que o mercado de arrendamento mercantil não adota o nome de juros, o cálculo é feito pela aplicação do **coeficiente de arrendamento (CA)** sobre o custo de aquisição do bem. Este custo deverá incluir no valor do bem, impostos, custos de transporte, seguro, instalação, dentre outros.

Para o cálculo do **coeficiente de arrendamento (CA)**, o mercado tem por base uma determinada taxa de juros e uma quantidade de prestações mensais, e o resultado da multiplicação deste número pelo valor do bem arrendado corresponde ao valor da contraprestação mensal da série uniforme de pagamentos conforme o contrato.

Portanto, o **coeficiente de arrendamento (CA)** varia segundo a taxa de juros e o valor do bem.

Temos então:

$$\text{Valor da Prestação} = VP \times \frac{(1+i)^n \times i}{(1+i)^n - 1} \qquad \text{(Tabela Price)}$$

$$CA = \frac{(1+i)^n \times i}{(1+i)^n - 1}$$

22.3. VALOR RESIDUAL GARANTIDO (VRG)

Todo contrato de *leasing* deve ter um valor residual que corresponde a **quanto o arrendatário pagará para ter a propriedade do bem**. Isso quer dizer que se o contrato não prever valor residual algum, ainda que seja irrisório ou em seu texto mencione o valor zero, **não poderá ser enquadrado como contrato de arrendamento mercantil e será classificado como mero financiamento bancário.**

Por se tratar de um valor residual, entende-se que ocorra no final do contrato, entretanto, existe a possibilidade do contrato estabelecer que o pagamento do VRG ocorra antecipadamente como se faz com o pagamento da "entrada" em um financiamento de longo prazo, e pode ocorrer, também, que o pagamento do VRG ocorra ao longo do prazo do contrato, tendo, então, seu valor rateado pelos meses do contrato.

Neste caso, a parcela mensal do VRG será somada ao valor da "contraprestação mensal", resultando em um pagamento mensal único.

Em tese, ao final do contrato, caso não queira pagar o VRG, o arrendatário devolverá o bem, mas como não há interesse da empresa arrendadora em receber de volta e ficar com o bem arrendado, é muito comum a cobrança do VRG dentro as parcelas.

Nos casos em que o VRG seja pago ocorra no final do contrato e o arrendatário requeira um prazo para pagá-lo, poderá fazer um novo contrato de *leasing* pelo valor do VRG, e este mencionará outro valor de VRG menor que o precedente.

Estudo de caso em uma demanda judicial

Valor estimado do *leasing*: R$ 77.000,00

Quantidade de contraprestações: 24

Valor das parcelas: R$ 3.893,89

Coeficiente de Arrendamento em contrato: 0,03390

Atualização monetária: Já está implícita na taxa de juros aplicada

VRG: Já incluída na parcela:

Taxa mensal efetiva de juros

Resposta:

77.000	PV
24	n
3.893,89	CHS PMT
i	**1,610989%**

Valor Residual Garantido (VRG) embutido na parcela

P = 77.000 X 0,03390 = **R$ 2.610,30 (Contraprestação mensal)**

Logo, o VRG mensal embutido na parcela é de **R$ 1.283,59**.

E o verdadeiro Coeficiente é de **0,05057** (3.893,89 / 77.000)

Sendo 0,0339 relativo a contraprestação mensal e 0,01667 relativo ao VRG (1.283,59/ 77.000)

22.4. EXEMPLOS DE CÁLCULOS EM CONTRATOS DE *LEASING*

Seguem abaixo 3 situações envolvendo contratos de *Leasing*:

Exemplo 1:

Valor do bem: R$ 120.000,00
Valor residual (VRG) de 5%: R$ 6.000,00
VRG pago no final do contrato
Prazo: 48 meses
Juros: 4,2% ao mês
Atualização monetária: não contratada

$$\text{Contraprestação} = 120.000 - \frac{6.000}{(1+0,042)^{48}} \times \frac{(1+0,042)^{48} \times 0,042}{(1+0,042)^{48} - 1} =>$$

$$\text{Contraprestação} = 120.000 - \frac{6.000}{7,205274} \times \frac{7,205274 \times 0,042}{7,205274 - 1} =>>$$

P = 120.000 − 832,72 x 0,302621
                    6,205274

P = 120.000 − 832,72 x 0,0487684 = **R$ 5.811,60**
CA = **0,0487684** (0,302621/6,205274)

Exemplo 2:
Valor do bem: R$ 120.000,00
Valor residual (VRG) de 5%: R$ 6.000,00
VRG pago antecipadamente
Prazo: 48 meses
Juros: 4,2% ao mês
Atualização monetária: não contratada

Valor financiado = R$ 120.000 − R$ 6.000,00 de VRG = **R$ 114.000,00**
Contraprestação = 114.000 x $(1 + 0,042)^{48}$ x 0,042 =>
                              $(1 + 0,042)^{48} − 1$
Contraprestação = 114.000 x 7,205274 x 0,042 =>>
                              7,205274 − 1
P = 114.000 x 0,302621
              6,205274
P = 114.000 x 0,0487684 = **R$ 5.559,60**
CA = **0,0487684** (0,302621/6,205274)

Exemplo 3:
Valor do bem: R$ 120.000,00
Valor residual (VRG) de 5%: R$ 6.000,00
VRG pago diluído nas parcelas
Prazo: 48 meses
Juros: 4,2% ao mês

Atualização monetária: não contratada

VRG diluído na parcela: R$ 6.000,00 / 48 (**R$ 125,00**)

Valor financiado: R$ 114.000,00

$$\text{Contraprestação} = 114.000 \times \frac{(1 + 0,042)^{48} \times 0,042}{(1 + 0,042)^{48} - 1} \Rightarrow$$

$$\text{Contraprestação} = 114.000 \times \frac{7,205274 \times 0,042}{7,205274 - 1} \Rightarrow\Rightarrow$$

$$P = 114.000 \times \frac{0,302621}{6,205274}$$

P = 114.000 x 0,0487684 = **R$ 5.559,60**

CA = **0,0487684** (0,302621/6,205274)

Contraprestação + VRG = **R$ 5.684,60**

Coeficiente VRG = R$ 125,00/R$ 114.000,00 **(0,001096)**

23 EXEMPLOS DE DECISÕES JUDICIAIS

Este capítulo dedica-se a mostrar algumas sentenças judiciais relativas a contratos financeiros.

O entendimento das sentenças proferidas pelos magistrados é de fundamental importância para uma melhor execução do trabalho pericial.

Seguem abaixo 4 exemplos de decisões judiciais:

Exemplo 1:

Estado do Rio de Janeiro Poder Judiciário – Tribunal de Justiça

Comarca da Capital – Cartório da 16ª Vara Cível

Classe/Assunto: Revisão de Contrato e/ou Interpretação (CDC)

Antecipação de Tutela – Arrendamento Mercantil – *Leasing*

Autor: XXXXXXXXXXXXXX

Réu: XXXXXXXXXXXXX

SENTENÇA

XXXXXXXXXXX move a presente ação ordinária de revisão e nulidade de cláusulas contratuais c/c repetição de indébito em face de XXXXXXXXX, qualificados na inicial, narrando que celebraram contrato de financiamento de veículo prevendo pagamento de 48 parcelas de R$ 2.004,94, cada, porém diversos valores ilegais vêm sendo cobrados pela parte ré a título de juros abusivos capitalizados e encargos moratórios, além de tarifas e outros.

Em relação ao contrato de financiamento de crédito, especificamente, o código de defesa do consumidor, em seu artigo 52, exige que o fornecedor informe o consumidor, prévia e adequadamente, sobre o valor a ser financiado, em moeda corrente, o montante de juros e da taxa anual efetiva; os acréscimos legalmente previstos; o número e a periodicidade das prestações, bem assim o total a ser pago.

O que pretende a parte autora é discutir o valor das parcelas previamente acordadas no contrato porque passou a entender que as prestações estão altas em decorrência da cobrança de juros abusivos e que nelas estão embutidas cobranças de juros sobre juros.

Ocorre, porém, que o contrato foi celebrado em valores FIXOS, não tendo havido NENHUMA MODIFICAÇÃO, a não ser o posterior refinanciamento, pela inadimplência da ré e com o qual a mesma anuiu. Assim, nenhuma cláusula abusiva se verifica no pacto, pelo que a prova pericial requerida não influiria em nada na apreciação do presente feito.

A parte autora teve oportunidade de verificar, no momento da contratação, o custo benefício entre o bem adquirido e o montante a que estava se dispondo a pagar pelo numerário cedido, já que o contrato foi firmado EM PARCELAS FIXAS. Não há, assim, nenhuma lesão ou ofensa a qualquer preceito legal ou contratual.

O que se verifica de fato é que a parte autora celebrou o contrato, comprometendo seu orçamento, porquanto entendia que teria condições de pagar. A posteriori, entendeu que fez um mau negócio, e vem a juízo buscar a revisão dos valores.

Ocorre, porém, que NÃO HÁ NENHUM VÍCIO no contrato, não há lesão, não há inexperiência, posto que as taxas bancárias são altas, o que é fato público e notório, não há onerosidade excessiva, eis que o custo do capital no Brasil ainda é elevado.

Na verdade, não se preocupou o devedor com a taxa de juros, nem com a forma de sua cobrança e, muito menos, com o valor final do financiamento. Sua preocupação, quando da celebração do negócio jurídico, foi com o valor da parcela, que acreditou coubesse em seu orçamento.

Não há, pois, qualquer vício a macular o contrato celebrado que justifique seja a parte autora exonerada do compromisso que, de modo livre, esclarecido, refletido e consciente, assumiu.

Cumpre destacar que a boa-fé objetiva que informa os contratos nas relações de consumo é via de mão dupla e também deve ser observada pelo consumidor.

Assim, não havendo abuso de direito, não cabe ao Judiciário intervir no contrato firmado. No que tange aos JUROS pactuados no contrato, algumas considerações devem ser feitas.

O Supremo Tribunal Federal já decidiu de forma reiterada acerca da não auto aplicabilidade do artigo 192, parágrafo 3º, da Constituição Federal, afastando a limitação ao patamar de 12% ao ano, com base na Lei de Usura, às operações realizadas por Instituições financeiras, como no caso em tela.

Portanto, nenhuma razão assiste à pretensão de limitação dos juros a 1% ao mês ou 12% ao ano, ou qualquer outro teto remuneratório, por absoluta falta de amparo legal.

No que tange à prática de JUROS CAPITALIZADOS, firmou o STJ entendimento quanto à possibilidade de capitalização mensal nos contratos celebrados em data posterior à publicação da Medida Provisória nº 1.963-17, de 30.03.00, hoje em vigor sob o nº 2.170-36, de 23.08.01, que estabelece:

"Art. 5º. Nas operações realizadas pelas instituições integrantes do Sistema Financeiro Nacional é admissível a capitalização de juros com periodicidade inferior a um ano."

Verifica-se, na verdade, que a contestada cobrança de juros sobre juros feita pela autora decorreu da premissa de que a utilização da tabela Price para composição da parcela do financiamento por si só importa na cobrança de anatocismo.

Ocorre que o entendimento dessa Magistrada, corroborado em parcela substancial da jurisprudência, conforme acima referido, é no sentido de considerar perfeitamente legítima e legal a utilização da Tabela Price para composição da parcela fixa do financiamento, entendendo que a utilização da Tabela Price por si só não implica na ocorrência de anatocismo, em que pese o entendimento do perito.

A Tabela Price não é forma de contagem de juros, mas sim um sistema de amortização do capital e dos juros incidentes sobre o mesmo em um determinado período e mediante a taxa ajustada. A Tabela Price pode ser livremente pactuada e utilizada em contratos de financiamentos, como a jurisprudência vem reiteradamente se manifestando.

Nos contratos como o celebrado entre as partes, a capitalização somente acontece quando ocorre a inadimplência e é demonstrada a cobrança de juros moratórios capitalizados. A utilização da Tabela Price (sistema francês de amortização) mostra-se legítima, pois permite o pagamento mensal, tanto dos juros incidentes sobre o capital emprestado, como pagamento de parte do próprio capital emprestado (amortização).

Isto posto, JULGO EXTINTO O FEITO SEM ANÁLISE DE MÉRITO, NOS TERMOS DO ARTIGO 267, VI DO CPC, NO QUE TANGE AO PEDIDO DE DEVOLUÇÃO DOS VALORES PAGOS E JULGO IMPROCEDENTES

OS DEMAIS PEDIDOS, nos termos do artigo 269, I do CPC. Condeno a parte autora ao pagamento das custas, que fixo em 10% sobre o valor atribuído à causa, mas suspendo a condenação nos termos do artigo 12 da Lei 1060/50.

Rio de Janeiro, 13 de setembro de 2015.
ADRIANA SUCENA MONTEIRO JARA MOURA
JUÍZA DE DIREITO

Exemplo 2:
DÉCIMA TERCEIRA CÂMARA CÍVEL
APELAÇÃO CÍVEL Nº 0014316-74.2009.8.19.0203
APELANTE: XXXXXXXXXXXXXXX
APELADO: XXXXXXXXXXXXXXXX
RELATOR: DES. AGOSTINHO TEIXEIRA

DECISÃO

XXXXXXXXXXXXXXX ajuizou ação revisional contra BANCO XXXXXXXXXXX.

A autora afirma que a ré, administradora do seu cartão de crédito, cobra juros exorbitantes e pratica anatocismo.

Pede a revisão do contrato e devolução, em dobro, dos valores pagos a maior.

A sentença julgou improcedentes os pedidos (fls. 266/269).

Apela a autora suscitando preliminar de cerceamento de defesa porque a prova técnica requerida sequer foi apreciada.

Salienta que a perícia contábil é essencial para a comprovação dos fatos narrados. No mérito, reedita os seus argumentos (fls. 275/279).

Contrarrazões em prestígio do julgado (fls. 283/298).

É o relatório.

A autora, na inicial, requereu perícia financeira no contrato de cartão de crédito e, quando instada a se manifestar sobre as provas que pretendia produzir, insistiu no pedido (fls. 259).

Entretanto, o juiz proferiu sentença por entender tratar-se de questão unicamente de direito.

Ocorre que as alegações de anatocismo e de juros abusivos são estritamente fáticas e, por isso, demandam dilação probatória.

Logo, a impossibilidade de produção dessa prova configura cerceamento de defesa.

Ante o exposto, dou provimento ao recurso, monocraticamente, com aplicação do art. 557, §1º-A, do CPC, para anular a sentença e determinar a produção da prova pericial requerida.

Rio de Janeiro, 13 de março de 2013.

Desembargador AGOSTINHO TEIXEIRA

RELATOR

Exemplo 3:

VIGÉSIMA SEXTA CÂMARA CÍVEL

APELAÇÃO CÍVEL Nº 0000641-95.2012.8.19.0055

APELANTE: XXXXXXXXXXXXX

APELADA: XXXXXXXXXXXXXX

RELATOR: DES. WILSON DO NASCIMENTO REIS

Sentença

Trata-se de Ação Revisional c/c pedido de Antecipação de Tutela, movida por XXXXXXXX em face de BANCO XXXXXXXX, alegando, em síntese, ser correntista do Banco Réu e haver utilizado os limites de cheque especial que lhe foram oferecidos pelo Réu.

Alega, ainda, a parte autora, que com a utilização do cheque especial lhe foram cobrados juros abusivos, chegando ao ponto de ser utilizado todo o seu salário, que era recebido junto ao Réu, para o pagamento dos juros. Ainda segundo a autora, a fim de tentar pagar os juros do cheque especial efetuou um empréstimo junto ao banco, se tornando também impossível a liquidação do mesmo em razão dos juros.

Requer, desta forma, a título de antecipação de tutela sejam suspensos os pagamentos até o deslinde da causa, além da retirada do nome do autor do cadastro restritivo ao crédito.

E, por fim, requer seja o Réu condenado a exibir a planilha de débitos da autora, informando a forma de aplicação de juros, que seja declarada a nulidade dos critérios de cobrança com a revisão dos contratos em questão. Requer, ainda, a condenação do Réu à devolução em dobro dos valores pagos de forma indevida.

Com a inicial vieram os documentos de fls. 19/68.

Regularmente citado o réu, foi realizada a audiência de Conciliação conforme fls. 74, restando infrutífera a conciliação. Na oportunidade da Audiência foi apresentada contestação, às fls. 75/112 e documentos de fls. 113/123, alegando, preliminarmente, a inépcia da petição inicial e impossibilidade jurídica do pedido, e, no mérito, alega que a Autora em nenhum momento alegou vício na celebração dos contratos, uma vez que os mesmos foram firmados livremente por ela.

Alega que a revisão pretendida pela autora se trata de tentativa de responsabilizar o banco por sua má administração financeira. Requer, desta forma, o acolhimento da preliminar arguida com a extinção da presente sem o julgamento do mérito, ou, sejam julgados improcedentes os pedidos, no caso de ser ultrapassada a preliminar.

Decisão Saneadora às fls. 125/128, restando indeferido o pedido de inversão do ônus da prova, a produção de prova documental suplementar e o pedido de depoimento pessoal da parte autora e da parte ré. Restou indeferida, ainda, a produção de prova testemunhal.

Foi deferida, entretanto, a produção de prova pericial contábil.

Rio de Janeiro, 19 de junho de 2012.

Desembargador WILSON DO NASCIMENTO REIS

RELATOR

Exemplo 4:

Processo: 0119840-45.2013.8.19.0001

Classe/Assunto: Procedimento Ordinário – Revisão Contratual / Obrigações / D. Civil C/C Depósito

/ Espécies de Contratos

Autor: XXXXXXXXXXXXXX

Réu: XXXXXXXXXXXXXXX

Sentença

Trata-se de demanda ajuizada por XXXXXXXXXXXXX em face de XXXXXXXXXXXXX, em que postula:

1) a declaração de nulidade das cláusulas contratuais que estipulam juros abusivos e sua capitalização; 2) a consignação em pagamento das parcelas no valor que o autor entende devido; 3) a gratuidade de justiça; 4) a exibição do contrato de financiamento; 5) o deferimento da antecipação de tutela para que a ré se abstenha de incluir o nome do autor nos cadastros restritivos ao crédito e para autorizar a manutenção do veículo em posse do autor.

Na petição inicial de fls. 02/28, acompanhada dos documentos de fls. 29/37, o autor

sustenta, em termos bastante genéricos: 1) a limitação dos juros cobrados ao patamar de 1% ao mês; 2) a proibição de capitalização mensal de juros.

A decisão de fl. 58 deferiu a gratuidade de justiça e autorizou a consignação dos valores mensais.

Contestação às fls. 68/107, com documentos às fls. 108/114.

Decretação da revelia à fl. 120.

Manifestação do autor em provas requerendo a realização de perícia contábil às fls. 123/126. O réu dispensou provas (fl. 127).

Deferimento da prova pericial à fl. 131, com nomeação de perito.

Quesitos do autor às fls. 135/137, e do réu, às fls. 138/139.

Honorários periciais homologados à fl. 155, determinando ao réu a juntada de documentos, o que foi atendido às fls. 156/162.

Laudo pericial às fls. 167/188. Manifestação do réu às fls. 191/204. O autor não se pronunciou.

É O RELATÓRIO. DECIDO.

O exame dos autos demonstra ter a parte autora firmado com o réu, em 20/11/2010,

contrato de financiamento no valor de R$ 62.389,39, ajustando custo efetivo total anual de 25,43% (fl. 157).

Vê-se que o contrato foi claro ao mencionar o custo efetivo total da operação (CET).

Esta informação visa a permitir que o consumidor possa comparar as diferentes ofertas de crédito feitas pelas instituições do mercado, gerando maior concorrência entre estas na medida em que o referido percentual engloba todos os encargos e despesas das operações, isto é, taxa de juros, tarifas, tributos, seguros e qualquer outra despesa cobrada.

Quanto aos juros remuneratórios, cabem dois esclarecimentos.

Em primeiro lugar, a Lei nº 4.595/64 revogou a Lei de Usura na parte em que limitava a taxa de juros aos contratos celebrados pelas instituições financeiras, e com a revogação da norma do § 3º do art. 192 da CF/88 pela Emenda Constitucional 40/2003 assentou-se o entendimento de que a sua fixação em contrato deve respeitar apenas a média praticada no mercado.

Em segundo lugar, consultando as páginas do Banco Central na internet (http://www.bcb.gov.br/fis/taxas/htms/20101012/tx012040.asp), é possível verificar os custos efetivos médios mensais que eram cobrados pelas instituições financeiras na data da contratação – vide documento anexo à sentença.

Consta, ainda, do referido sítio eletrônico a seguinte informação:

"As taxas de juros apresentadas nesse conjunto de tabelas correspondem a médias aritméticas ponderadas pelos valores das operações contratadas nos cinco dias úteis referidos em cada tabela. Essas taxas representam o custo efetivo médio das operações de crédito para os clientes, composto pelas taxas de juros efetivamente praticadas pelas instituições financeiras em suas operações de crédito, acrescida dos encargos fiscais e operacionais incidentes sobre as operações.

As taxas de juros apresentadas correspondem à média das taxas praticadas nas diversas operações realizadas pelas instituições financeiras, em cada modalidade. Em uma mesma modalidade, as taxas de juros podem diferir entre clientes de uma mesma instituição financeira. Taxas de juros variam de acordo com fatores diversos, tais como o valor e a qualidade das ga-

23 – Exemplos de Decisões Judiciais

rantias apresentadas na operação, a proporção do pagamento de entrada da operação, o histórico e a situação cadastral de cada cliente, o prazo da operação, entre outros.

As instituições não relacionadas nas tabelas não operaram nas respectivas modalidades nos períodos referidos ou não prestaram informações ao Banco Central do Brasil."

Como se vê da tabela anexa, os juros praticados pelas instituições financeiras na data do contrato celebrado pelo autor variaram entre 1,14% ao mês e 6,33% ao mês, de modo que a taxa de juros imposta ao autor (1,44% – fl. 157) apresenta-se como uma das mais baixas do mercado. Deste modo, não há como se reconhecer a abusividade mencionada.

A questão atinente à prática do anatocismo foi definitivamente resolvida em sede de recurso repetitivo, tomando-se em conta os recursos especiais representativos da controvérsia de nº 1.112.879/PR e 973827/RS.

Assim dispõem as ementas dos acórdãos paradigmas proferidos pelo STJ:

"BANCÁRIO. RECURSO ESPECIAL. AÇÃO REVISIONAL DE CLÁUSULAS DE CONTRATO BANCÁRIO. INCIDENTE DE PROCESSO REPETITIVO. JUROS REMUNERATÓRIOS. CONTRATO QUE NÃO PREVÊ O PERCENTUAL DE JUROS REMUNERATÓRIOS A SER OBSERVADO.

I – JULGAMENTO DAS QUESTÕES IDÊNTICAS QUE CARACTERIZAM A MULTIPLICIDADE.

ORIENTAÇÃO – JUROS REMUNERATÓRIOS. 1 – Nos contratos de mútuo em que a disponibilização do capital é imediata, o montante dos juros remuneratórios praticados deve ser consignado no respectivo instrumento. Ausente a fixação da taxa no contrato, o juiz deve limitar os juros à média de mercado nas operações da espécie, divulgada pelo Bacen, salvo se a taxa cobrada for mais vantajosa para o cliente. 2 – Em qualquer hipótese é possível a correção para a taxa média se for verificada abusividade nos juros remuneratórios praticados.

II – JULGAMENTO DO RECURSO REPRESENTATIVO – Consignada, no acórdão recorrido, a abusividade na cobrança da taxa de juros, impõe-se a adoção da taxa média de mercado, nos termos do entendimento consolidado neste julgamento. – Nos contratos de mútuo bancário, celebrados após a edição da MP nº 1.963-17/00 (reeditada sob o nº 2.170-36/01), admite-se a capitalização mensal de juros, desde que expressamente pactuada. Recurso especial parcialmente conhecido e, nessa parte, provido. Ônus sucumbenciais redistribuídos. (REsp 1112879/PR, Rel. Ministra NANCY ANDRIGHI, SEGUNDA SEÇÃO, julgado em 12/05/2010, DJe 19/05/2010).

"CIVIL E PROCESSUAL. RECURSO ESPECIAL REPETITIVO. AÇÕES REVISIONAL E DE BUSCA E APREENSÃO CONVERTIDA EM DEPÓSITO. CONTRATO DE FINANCIAMENTO COM GARANTIA DE ALIENAÇÃO FIDUCIÁRIA. CAPITALIZAÇÃO DE JUROS. JUROS COMPOSTOS. DECRETO 22.626/1933 MEDIDA PROVISÓRIA 2.170-36/2001. COMISSÃO DE PERMANÊNCIA. MORA. CARACTERIZAÇÃO.

1 – A capitalização de juros vedada pelo Decreto 22.626/1933 (Lei de Usura) em intervalo inferior a um ano e permitida pela Medida Provisória 2.170-36/2001, desde que expressamente pactuada, tem por pressuposto a circunstância de os juros devidos e já vencidos, serem, periodicamente, incorporados ao valor principal. Os juros não pagos são incorporados ao capital e sobre eles passam a incidir novos juros.

2. Por outro lado, há os conceitos abstratos, de matemática financeira, de "taxa de juros simples" e "taxa de juros compostos", métodos usados na formação da taxa de juros contratada, prévios ao início do cumprimento do contrato. A mera circunstância de estar pactuada taxa efetiva e taxa nominal de juros não implica capitalização de juros, mas apenas processo de formação da taxa de juros pelo método composto, o que não é proibido pelo Decreto 22.626/1933.

3. Teses para os efeitos do art. 543-C do CPC: – "É permitida a capitalização de juros com periodicidade inferior a um ano em contratos celebrados após 31.3.2000, data da publicação da Medida Provisória nº 1.963-17/2000 (em vigor como MP 2.170-36/2001), desde que expressamente pactuada." – "A capitalização dos juros em periodicidade inferior à anual deve vir pactuada de forma expressa e clara. A previsão no contrato bancário de taxa de juros anual superior ao duodécuplo da mensal é suficiente para permitir a cobrança da taxa efetiva anual contratada".

4. Segundo o entendimento pacificado na 2ª Seção, a comissão de permanência não pode ser cumulada com quaisquer outros encargos remuneratórios ou moratórios.

5. É lícita a cobrança dos encargos da mora quando caracterizado o estado de inadimplência, que decorre da falta de demonstração da abusividade das cláusulas contratuais questionadas.

6. Recurso especial conhecido em parte e, nessa extensão, provido." (REsp 973827/RS, Rel. Ministro LUIS FELIPE SALOMÃO, Rel. p/ Acórdão Ministra MARIA ISABEL GALLOTTI, SEGUNDA SEÇÃO, julgado em 08/08/2012, DJe 24/09/2012)

Como se vê, assentou o STJ a possibilidade da capitalização mensal dos juros nos contratos bancários celebrados após a MP nº 1.963-17/00, desde que expressamente pactuada, bastando, para tanto, que a previsão dos juros anuais seja superior ao duodécuplo dos juros mensais.

Na hipótese em tela, a contrato foi firmado no ano de 2010, após a edição de referida Medida Provisória. Logo, cabível a cobrança de juros mensalmente capitalizados no contrato objeto da presente.

Note-se que o contrato acostado demonstra que o autor sabia o valor exato das parcelas assumidas, tendo aderido espontaneamente a ele. Além disso, o fato de serem fixas e previamente conhecidas as parcelas a serem pagas pelo autor impede o reconhecimento de onerosidade excessiva, que é sempre posterior à formação do contrato.

Sobre taxa mensal de juros, anatocismo e tabela Price o Tribunal de Justiça do Rio de Janeiro vem se pronunciando no seguinte sentido:

Apelação Cível. Ação de revisão de cláusulas contratuais. Rito ordinário. Autora que celebrou com o réu contrato de financiamento de veículo. Alegação de cobrança de juros abusivos, anatocismo, com utilização da "tabela Price", a cumulação de comissão de permanência com outros encargos financeiros, estipulação indevida de taxas e de IOF. Sentença pela improcedência do pedido.

Apelo no qual a autora alega que houve cerceamento do seu direito de produzir prova pericial, a fim de comprovar o anatocismo.

Novo entendimento sobre a matéria por parte deste Relator, ante o posicionamento do STJ que, em recurso repetitivo, estabeleceu que a cobrança de juros sobre juros, em periodicidade inferior a um ano, é permitida em contratos celebrados após 31/3/2000, data da publicação da Medida Provisória nº 1.963-17/2000, em vigor com MP nº 2.170-01, desde que expressamente pactuada e, ainda, que "a capitalização dos juros em periodicidade inferior à anual deve vir pactuada de forma expressa e clara. A previsão no contrato bancário de taxa de juros anual superior ao duodécuplo da mensal é suficiente para permitir a cobrança da taxa efetiva anual contratada." Desnecessidade de perícia no caso em apreço, eis que consta dos autos o contrato celebrado entre as partes, devidamente assinado pela autora, onde está previsto o anatocismo, nos termos expressos no paradigma do STJ mencionado. Desprovimento do apelo. (Ap. 0023286-82.2012.8.19.0001, Rel. Des. Carlos José Martins Gomes – Julgamento: 10/12/2013 – 16ª Câmara Cível).

APELAÇÃO – AÇÃO REVISIONAL DE CLÁUSULAS CONTRATUAIS CUMULADA COM REPETIÇÃO DE INDÉBITO. FINANCIAMENTO

DE VEÍCULO. Contrato de alienação fiduciária. Alegação de abusividade na cobrança de juros remuneratórios e capitalizados mensalmente, com aplicação da tabela Price. Sentença de improcedência que deve ser mantida. No que tange os juros remuneratórios a jurisprudência do Supremo Tribunal Federal e do Superior Tribunal de Justiça, já se consolidou no sentido de que às instituições financeiras, regidas pela Lei nº 4.595/64, não se aplica a limitação da taxa de 12% ao ano, estabelecida na Lei de Usura, Decreto nº 22.626/33 e no art. 192 da Constituição da República. Aplicação do verbete nº 596, da Súmula do STF: "As disposições do Decreto nº 22.626/33 não se aplicam às taxas de juros e aos outros encargos cobrados nas operações realizadas por instituições públicas ou privadas que integram o sistema financeiro nacional". Ademais, o art. 192, § 3º, da Constituição da República que determinava que as taxas de juros não poderiam ser superiores a 12% ao ano, foi revogado pela EC 40/2003. Assim, consolidou-se no Superior Tribunal de Justiça, o entendimento de que as instituições financeiras podem cobrar juros acima do patamar de 12% ao ano, que somente poderão ser considerados abusivos quando forem excessivos em relação à taxa média de mercado, o que não é o caso dos autos.

Quanto ao anatocismo, o entendimento mais recente adotado pelo STJ é de que é permitida a capitalização de juros com periodicidade inferior a um ano em contratos celebrados após 31.3.2000, data da publicação da Medida Provisória nº 1.963-17/2000, desde que expressamente pactuado. Orientação traçada no julgamento do REsp nº 973.827/RS, processado na forma do art. 543-C do CPC. RECURSO A QUE SE NEGA SEGUIMENTO, NA FORMA DO ART. 557, CAPUT, DO CPC. (Ap. 0004760-49.2013.8.19.0028, Rel. Des. Claudio Dell Orto – Julgamento: 08/01/2014 – 25ª Câmara Cível Consumidor)

Assim, inexiste qualquer abusividade no negócio jurídico firmado entre as partes que justifique a sua revisão, a exclusão/abstenção de apontamento do autor nos cadastros restritivos ao crédito, sua manutenção na posse do veículo ou a consignação de valores.

Deixo de considerar as demais questões atinentes a encargos e multas abordados no laudo pericial por não terem integrado os pedidos nem a causa de pedir da inicial, cujos termos genéricos beiram a inépcia. Preservado, assim, o princípio da adstrição da sentença ao pedido.

Os depósitos efetuados nos autos devem ser levantados em favor do réu, a fim de permitir a quitação parcial do débito do autor.

Isto posto, JULGO IMPROCEDENTE O PEDIDO na forma do art. 269, I do CPC. Condeno o autor ao pagamento de custas e honorários advocatícios que arbitro em R$ 500,00 (quinhentos reais), na forma do art. 20 § 3º do CPC, observada a gratuidade de justiça deferida. Expeça-se mandado de levantamento dos valores depositados em favor do réu.

Com o trânsito em julgado, dê-se baixa e arquivem-se.

Rio de Janeiro, 23/01/2015.

Renata Gomes Casanova de Oliveira e Castro – Juiz em Exercício

24 EXEMPLOS DE LAUDOS PERICIAIS

O último capítulo desta obra tem como objetivo compartilhar laudos periciais realizados por diversos profissionais relativos a contratos financeiros.

Por ética, retirou-se o nome das partes envolvidas no processo e mantivemos o nome do profissional que elaborou o laudo com a devida autorização.

LAUDO PERICIAL nº 1:

EXMO. SR. DR. JUIZ DE DIREITO DA XXª. VARA FEDERAL DO RIO DE JANEIRO-RJ.

REF.: **Processo nº 9999999-XX.20YY.4.02.9999**

Autor: SENHORA MUTUÁRIA

Réu: BANCO FINANCIADOR

Silvana Alvaro Gomes Pita, Contadora CRC RJ nº 101.968/O-5, Perita do Juízo nomeada nos autos da ação em epígrafe, tendo concluído o seu **LAUDO PERICIAL**, vem respeitosamente à presença de V. Ex.ª requerer a juntada do Laudo aos autos, a fim de que produza os efeitos de direito.

Finalizando e agradecendo a oportunidade, ressalta a sua disponibilidade para os esclarecimentos que se fizerem necessários a esse respeitável Juízo.

Nestes Termos,
Pede Deferimento.
Rio de Janeiro (RJ), 20 de abril de 2018.

SILVANA ALVARO GOMES PITA
Perita do Juízo
Contadora

1. Introdução

Silvana Alvaro Gomes Pita, Contadora CRC RJ nº 101.968/O-5, Perita Judicial já devidamente qualificada no presente processo, apresenta suas conclusões consubstanciadas no Laudo Pericial, que esta subscreve, a seguir:

1.1. Breve Histórico

Trata a presente demanda de Ação Ordinária de Revisão Contratual com pedido de tutela de urgência. Proposta por Senhora Mutuária, em face de Banco Financiador.

1.1.1. Alegações do Autor

Alega a Autora, fls. 01/54, em síntese, que adquiriu uma unidade residencial situada à Estrada Distante, nº ZZZZ, Bloco K, apartamento 999, Taquara, Jacarepaguá/RJ, CEP 22723-002, através de financiamento pactuado com a instituição Ré por instrumento Particular de Contrato de Venda e Compra de Imóvel, Mútuo e Alienação Fiduciária em Garantia pelo Sistema Financeiro de Habitação – SFH – com recursos do SBPE.

As condições negociais foram as seguintes: valor total do imóvel R$ 460.000 (quatrocentos e sessenta mil reais), sendo R$ 46.000,00 (quarenta e seis mil reais) pago por recurso próprio (10%) e o restante (90%) – R$ 414.000,00 (quatrocentos e quatorze mil reais) financiado em 420 meses, sendo a primeira parcela com vencimento para 10/08/2014 no valor total de R$ R$ 4.047,50 (quatro mil e quarenta e sete reais e cinquenta centavos), composta de R$ 3.889,75 de prestação, R$ 132,75 de seguro obrigatório e R$25,00 de taxa de administração, amortizados em consonância com o Sistema de Amortização Constante – SAC. Juros compensatórios determinados no contrato pela taxa nominal de 8,4175% ao ano e taxa efetiva de 8,7500% ao ano.

A Autora relata que auferia renda mensal de R$ 24.448,20 quando da contratação do financiamento, como docente de faculdade e curso, mas no momento passa por dificuldades financeiras que a impedem de arcar com as prestações do financiamento bancário. Assim, pugna pela revisão do contrato nos moldes pactuados, que alega ter sido descumprido pelo Réu, buscando a redução das prestações contratuais.

Requer a Autora, além de outros, que seja julgado procedente o pedido de revisão contratual, com o objetivo de restabelecer o equilíbrio e comutatividade do mesmo, vedando a capitalização mensal de juros. Pleiteia o recálculo das prestações vencidas e vincendas, bem como, do saldo devedor do financiamento, todos através da aplicação de juros simples. Adicionalmente, requer a amortização da dívida e aplicação dos juros de forma correta, pelo método de Gauss.

1.1.2. Alegações do Réu

A instituição Ré apresentou contestação dos fatos, fazendo várias alegações jurídicas nas fls. 69/95, concluindo em requerer ao Juízo por todos os motivos expostos que julgue improcedentes os pedidos autorais, bem como, condene à parte autora nas despesas processuais e nos honorários advocatícios.

1.2. Objeto da Perícia

Trata-se de perícia contábil, deferida pelo Emérito Magistrado às fls. 291/292 dos autos, com a seguinte decisão: "Desse modo, entendo por bem deferir a inversão do ônus da prova, para produção de perícia contábil, de modo que caberá à CEF providenciar os documentos apontados pela autora e/ou o perito como necessários à realização da prova pericial requerida pela autora e que porventura estejam em poder da ré em razão do contrato em discussão.

Assim, defiro o pedido de produção de prova pericial."

A parte Autora, às fls. 288, requer "a produção de ***prova pericial contábil***, posto que a controvérsia nestes autos incide sobre questões de fato e de direito, entendendo a parte autora ser imprescindível demonstrar os abusos praticados pela Ré na condução do financiamento através da prova supra requerida."

2. Análise Técnica

A análise técnica realizada, bem como, os procedimentos de perícia utilizados e a conclusão do Laudo Pericial Contábil foram baseados nos itens abaixo listados, cujo principal objetivo é prestar todos os esclarecimentos que se entende necessários ao deslinde da questão:

    a. Análise detalhada do "Instrumento particular de Venda e Compra de Imóvel, Mútuo e Alienação Fiduciária em garantia do SFH – Sistema Financeiro da Habitação" nº 1.4444.9999999-2, objeto desta lide, onde a Autora consta qualificada como "Compradora e Devedora Fiduciante" e a instituição Ré, como

24 – Exemplos de Laudos Periciais

"Credora Fiduciária", conforme documentação acostada aos autos pela Autora às Fls. 31 a 42 e pela parte Ré às Fls. 108 a 140 e também às Fls. 149 a 181, 190 a 222 e 231 a 263;

b. Exame dos Recibos de Pagamento juntados aos autos pela Autora (fls. 52 a 54);

c. Avaliação das Planilhas de Evolução do Financiamento acostadas no processo pela instituição Ré (fls. 85 a 89 e 102 a 106);

d. Consulta ao site do Banco Central, para avaliação das regras de atualização das cadernetas de poupança e cálculo da taxa referencial (TR), bem como, legislação vigente;

e. Apuração de todas as variáveis financeiras contratadas, bem como, recálculo da evolução do financiamento, com base na documentação acima descrita;

f. Reposta à quesitação formulada pelas partes. Não há quesitos do Juízo.

OBS.:

– A Autora indicou como Assistente Técnico o contador Fulano de Tal (Fls. 295).

– O Réu indicou como Assistente Técnico Beltrando (Fls. 300).

3. Diligenciamento

Não houve necessidade da realização de diligenciamento, fato esse constatado após exame minucioso dos autos, onde se verificou que foram juntadas pelas partes, as documentações necessárias ao cumprimento do objetivo desta perícia, suficientes para a elaboração e conclusão do Laudo Pericial.

4. Metodologia

O presente laudo pericial foi desenvolvido de forma técnica e científica baseado em:

I. NBC – Normas Brasileiras de Contabilidade, regulamentadas pelo Conselho Federal de Contabilidade:

- NBC PP 01 – do Perito – Resolução nº NBC PP01/2015
- NBC TP 01 – da Perícia Contábil – Resolução nº NBC TP01/2015

II. Seção X – Da Prova Pericial, do Novo CPC, Lei 13.105/2015.

III. Fundamentos e conceitos de Finanças, tais como: Capital, Juro, Prazo, Classificação de Taxas de Juros, Correção Monetária, Capitalização simples e composta, Sistema de Amortização, dentre outros.

5. Quesitos do Autor: (Fls. 296 a 299)

5.1) Queiram informar a data da celebração do instrumento formalizado do empréstimo "sub judice".

RESPOSTA: O "Instrumento particular de Venda e Compra de Imóvel, Mútuo e Alienação Fiduciária em garantia do SFH – Sistema Financeiro da Habitação" nº 1.4444.9999999-2, objeto desta lide, foi celebrado em **10 de julho de 2014** (Fls. 41), conforme documentação acostada aos autos pela Autora às Fls. 31 a 42 e pela parte Ré às Fls. 108 a 140.

5.2) O saldo devedor e as prestações de amortização do empréstimo habitacional em apreço estão sendo atualizados de acordo com a variação da Taxa Referencial (TR)? Como se apura o cálculo da Taxa Referencial (TR)? Quais os índices da Taxa referencial (TR) aplicados ao referido saldo devedor e respectivas prestações de amortização?

RESPOSTA: Sim, a base de atualização do saldo devedor é a Taxa Referencial (TR), conforme instrumento celebrado entre as partes, especificamente na cláusula contratual nº 6 (fls. 34) – ATUALIZAÇÃO DO SALDO DEVEDOR E DA GARANTIA – Ocorre mensalmente, na data do vencimento do encargo mensal, pelo índice de atualização aplicável aos depósitos de poupança.

Segundo o Banco Central do Brasil (http://www4.bcb.gov.br/pec/poupanca/poupanca.asp acesso em 14/04/2018), no item "Remuneração dos Depósitos de Poupança".

De acordo com a legislação atual, a remuneração dos depósitos de poupança é composta de duas parcelas:

I – a remuneração básica, dada pela Taxa Referencial – TR, e
II – a remuneração adicional, correspondente a:

a) 0,5% ao mês, enquanto a meta da taxa Selic ao ano for superior a 8,5%; ou

b) 70% da meta da taxa Selic ao ano, mensalizada, vigente na data de início do período de rendimento, enquanto a meta da taxa Selic ao ano for igual ou inferior a 8,5%.

Quanto à atualização das prestações de amortização, a perícia atesta que não é realizada com base na Taxa Referencial (TR). Esta ocorre pelos juros remuneratórios, cuja definição que está na cláusula nº 5 do mesmo instrumento (fls. 34): JUROS REMUNERATÓRIOS – Incidem sobre a quantia mutuada, até a solução da dívida, às taxas fixadas neste contrato e sobre as importâncias despendidas pelo Banco Financiador, para preservação de seus direitos decorrentes deste contrato e as necessárias à manutenção e realização da garantia.

Sobre a apuração da Taxa Referencial (TR), esta é de responsabilidade do Banco Central do Brasil e é calculada a partir de taxas de juros negociadas no mercado secundário com Letras do Tesouro Nacional (LTN), com base em todas as operações definitivas realizadas no mercado secundário, registradas no Sistema Especial de Liquidação e de Custódia (Selic), com LTNs de prazo de vencimento imediatamente anterior, ou coincidente, e imediatamente posterior ao prazo de um mês. Resolução 4.624, de 18/01/2018.

A perícia esclarece que os índices da Taxa referencial (TR) aplicados ao referido saldo devedor e aqueles aplicados às respectivas prestações de amortização estão demonstrados no **APÊNDICE I**.

5.3) Quais as repercussões na apuração do saldo devedor e das prestações de amortização do financiamento habitacional em tela segundo a aplicação dos índices do INPC a partir da assinatura do contrato?

RESPOSTA: Prejudicada é a resposta. A realização de cálculos sob premissas diversas das contratadas pelas partes depende de decisão de mérito.

5.4) A alínea "c" do art. 6º da Lei 4.380/64, máxime considerando-se o preceituado no parágrafo 1º do art. 9º do Decreto-Lei nº 70/66, determina que as amortizações mensais do saldo devedor devem preceder à aplicação dos índices de atualização monetária e de juros sobre este mesmo saldo devedor. Queiram, por conseguinte, elaborar Planilhas de evolução do saldo devedor com as respectivas amortizações operadas pelos autores, segundo os ditames da alínea "c" do art. 6° da Lei 4.380/64.

RESPOSTA: Segundo a alínea "c" do art. 6° da Lei 4.380/64, os cálculos praticados pela instituição Ré cumprem rigorosamente o que é determinado, conforme demonstrado no **APÊNDICE I**.

5.5) Os valores das prestações estão comprometendo mais de 30% da renda dos mutuários? Qual o máximo permitido para comprometimento da renda dos mutuários? Qual a renda pactuada?

RESPOSTA: Conforme consta no Instrumento Particular – item C (fls. 32), a Composição da Renda é de R$ 24.448,27, registrada exclusivamente em nome da Autora, o que na época da respectiva assinatura comprometia menos de 30% de sua renda. Não constam nos autos informações sobre a nova renda da Autora.

5.6) A taxa de juros praticada pela ré na operação de empréstimo ajustada foi superior legalmente estipuladas para as operações do SFH, conforme o disposto na alínea "a" do art. 6° da Lei 4.380/64? Qual o limite máximo que poderá ser cobrado dos autores conforme a lei supracitada?

RESPOSTA: O disposto na alínea "a" do art. 6° da Lei 4.380/64 não trata de taxa de juros.

Com base na mesma legislação/artigo e o disposto na alínea "e" – "os juros convencionais não excedem de 10% ao ano", a perícia informa que os juros remuneratórios praticados pela instituição Ré no contrato objeto desta lide respeitam o limite legal estabelecido.

5.7) A taxa de juros pactuada foi anual ou mensal? Existe no contrato em tela, alguma cláusula esclarecendo que a referida taxa será aplicada mensalmente? Qual a forma correta dessa taxa: mensalmente ou anualmente conforme o pactuado?

RESPOSTA: Conforme consta no Instrumento Particular – item B10 (fls. 32), a Taxa de Juros é demonstrada de forma anual (a.a.) e sua aplicação ocorre de forma mensal, conforme item B11 (fls. 32) – Encargo Mensal Inicial e a cláusula nº 4 do mesmo instrumento (fls.34) – ENCARGO MENSAL – COMPOSIÇÃO, CÁLCULO E FORMA DE PAGAMENTO – O encargo é composto pela Amortização, Juros, Taxa de Administração (se SFH) e Prêmios de Seguro...

24 – Exemplos de Laudos Periciais

5.8) Qual a remuneração mensal nominal e efetiva do financiamento habitacional em questão? Queiram explicitar qual a razão de existirem dois tipos de taxa de juros (nominal e efetiva) com montantes distintos, bem como qual a razão da taxa de juros "efetiva ser superior à nominal"?

RESPOSTA: A taxa nominal anual definida no Instrumento Particular – item B10 (fls. 32) é 8,4175% (Reduzida), equivalente a 0,70% ao mês. Considerando esta periodicidade mensal, que é a mesma acordada para os encargos do contrato, as taxas nominal e efetiva são idênticas, ou seja, 0,70% ao mês.

A taxa nominal é aquela estipulada para correção das prestações contratadas, no período de um ano. Efetivamente essa taxa é aplicada mensalmente, fazendo com que a soma das mesmas no período de 12 meses ultrapasse a taxa nominal declarada. Isto justifica o fato da soma dos valores mensais apurados ser um pouco superior à taxa nominal e, portanto, efetivamente a taxa cobrada.

5.9) A tabela Price – como é conhecido o sistema francês de amortização – pode ser definida como o sistema em que, a partir do conceito de juros compostos (juros sobre juros), elabora-se um plano de amortização em parcelas periódicas, iguais e sucessivas?

RESPOSTA: Cabe esclarecer que o Instrumento Particular firmado entre a Autora e a instituição Ré, objeto da presente lide, utiliza o Sistema de Amortização SAC, conforme item B3 do citado instrumento (fls. 31). Não existe referência alguma ao Sistema de Amortização Price.

5.10) Sendo a forma de aplicação de juros pela tabela Price, por definição, juros compostos (juros sobre juros) e aplicados mensalmente não está configurado o anatocismo?

RESPOSTA: Vide resposta ao Quesito 5.9).

5.11) O conceito econômico de correção monetária admite a ocorrência de lucro?

RESPOSTA: O objetivo da correção monetária é atualizar o capital original em face da evolução da inflação medida por um dos vários índices disponíveis na economia e assegurar o real valor deste capital no tempo. Sendo assim, não existe a previsão de lucro.

5.12) O índice TR, estabelecido na Lei nº 8.177/91 como índice de correção monetária, representa a desvalorização do poder aquisitivo da moeda? Há possibilidade de o capital, meramente corri-

gido pela TR, estar sofrendo valorização superior à inflação? Em caso positivo, seria tal fato correspondente ao conceito de "lucro"?

RESPOSTA: Prejudicada é a resposta, devido à subjetividade dos questionamentos.

5.13) E no que se refere ao INPC, representa ele a desvalorização poder aquisitivo da moeda? Há possibilidade de o capital corrigido pela INPC, estar sofrendo valorização superior à inflação? Em caso positivo, seria tal fato correspondente ao conceito de "lucro"?

RESPOSTA: Prejudicada é a resposta, devido à subjetividade dos questionamentos.

5.14) Com relação ao fato de a Taxa Referencial – TR ser taxa de juros e não de correção monetária, é correto afirmar que a partir da assinatura do contrato, tem sido utilizado o INPC como índice de reajustamento monetário do saldo devedor e das prestações?

RESPOSTA: Não, visto que o INPC não é indicado nas cláusulas contratuais do Instrumento Particular firmado entre a Autora e a instituição Ré. Maiores detalhes, vide resposta ao Quesito 5.2).

5.15) De que forma e qual o índice que vem sendo aplicado à correção monetária do saldo devedor e das prestações?

RESPOSTA: Vide resposta ao Quesito 5.2).

5.16) Abstratamente, há diferenças entre os índices de variação do INPC e os da TR? Qual dos dois índices se aproxima mais da inflação medida no mesmo período?

RESPOSTA: Prejudicada é a resposta devido à subjetividade dos questionamentos.

5.17) Sendo a TR taxa remuneratória, sua utilização para correção monetária, combinada com a aplicação de "juros contratuais" pode configurar situação de anatocismo?

RESPOSTA: Com base na análise do financiamento objeto desta lide, não ficou configurado o anatocismo. Conforme resposta ao Quesito 5.2), a aplicação da Taxa Referencial (TR) é para atualização monetária do saldo devedor, enquanto que os "juros contratuais" são aplicados aos encargos mensais para amortização do referido financiamento e se referem a juros remuneratórios.

5.18) Queira o Sr. Perito esclarecer o tema que trata a Lei nº 4.380/94? A citada lei encontra-se nas disposições preliminares

24 – Exemplos de Laudos Periciais

do contrato em litígio? É correto aduzir que foi o próprio Agente Financeiro que inseriu tal ordenamento jurídico no contrato em litígio?

RESPOSTA: Prejudicada é a resposta. Quesito de mérito, fora da alçada da perícia contábil.

5.19) Qual a taxa de juros cobrada no contrato firmado entre as partes? Os juros contratuais cobrados da Autora estão em conformidade com o artigo 6º da Lei nº 4.380/64? Qual o máximo que poderá ser cobrado dos Autores, conforme a citada Lei?

RESPOSTA: As taxas de juros cobradas estão detalhadas na resposta ao Quesito 5.8).

Quantos às demais perguntas, vide resposta ao Quesito 5.6).

5.20) Se o saldo devedor fosse corrigido pelo INPC desde a data da assinatura do contrato, conforme vem se pacificando a jurisprudência, tendo em vista a TR ser taxa de juros e não de correção monetária, qual seria o valor atual da dívida considerando as amortizações?

RESPOSTA: Prejudicada é a resposta. A realização de cálculos sob premissas diversas das contratadas pelas partes depende de decisão de mérito.

5.21) Pode o Sr. Perito, seguindo rigorosamente o Plano de Equivalência Salarial, efetuar os cálculos do financiamento com a taxa de juros conforme o limite máximo apontado na Lei nº 4.380 de 21/06/64, SEM a cobrança do CES, obedecendo a carência de 30 ou 60 dias para o repasse, sem a utilização da variação da URV no período compreendido entre março e junho de 1994?

RESPOSTA: Prejudicada é a resposta. A realização de cálculos sob premissas diversas das contratadas pelas partes depende de decisão de mérito.

5.22) A alínea "c" do art. 6º da Lei nº 4.380/64, determina que as amortizações mensais do saldo devedor devem preceder à aplicação dos índices de atualização monetária e de juros sobre esse mesmo saldo devedor. Queiram, por conseguinte, elaborar Planilhas de evolução do saldo devedor, com as respectivas amortizações operadas pelos Autores, segundo os ditames da alínea "c" do art. 6º da Lei nº 4.380/64.

RESPOSTA: Vide resposta ao Quesito 5.4).

5.23) A taxa de juros foi pactuada para ser aplicada anual ou mensal? Existe no contrato em tela, alguma cláusula esclarecendo que a referida taxa será aplicada mensalmente? Qual a forma correta de aplicação dessa taxa: mensalmente ou anualmente conforme o pactuado?

RESPOSTA: Vide resposta ao Quesito 5.7).

5.24) Qual a remuneração mensal nominal e efetiva do financiamento habitacional em questão? Queiram explicitar qual a razão de existirem dois tipos de taxa de juros (nominal e efetiva) com montantes distintos, bem como qual a razão da taxa de juros "efetiva ser superior à nominal"?

RESPOSTA: Vide resposta ao Quesito 5.8).

5.25) A tabela Price – como é conhecido o sistema francês de amortização – pode ser definida como o sistema em que, a partir do conceito de juros compostos (juros sobre juros), elabora-se um plano de amortização em parcelas periódicas, iguais e sucessivas?

RESPOSTA: Vide resposta ao Quesito 5.9).

5.26) Sendo a forma de aplicação dos juros pela tabela Price, por definição, juros compostos (juros sobre juros) e aplicados mensalmente, não está configurado o anatocismo?

RESPOSTA: Vide resposta ao Quesito 5.10).

5.27) O saldo devedor prevê amortização mensal em decorrência da tabela Price? É correto a formação de resíduo decorrente do saldo devedor, onde o financiamento estabelece juros, correção, prazo e incidência da própria tabela Price?

RESPOSTA: Vide resposta ao Quesito 5.9).

5.28) Pede ao Sr. Perito, elaborar demonstrativo de atualização das parcelas pagas, a fim de verificarmos o montante já pago pelos Autores.

RESPOSTA: Vide **APÊNDICE 1**.

6. Quesitos do Réu: (Fls. 300 a 301)

6.1) Com base no contrato de financiamento assinado entre as partes, solicitamos que o Sr. Perito informe: a data de assinatura e objeto do contrato, o valor do crédito concedido, o prazo de amortização, bem como, o sistema de amortização adotado.

24 – Exemplos de Laudos Periciais

RESPOSTA: Conforme "Instrumento particular de Venda e Compra de Imóvel, Mútuo e Alienação Fiduciária em garantia do SFH – Sistema Financeiro da Habitação" nº 1.4444.9999999-2, objeto desta lide, acostado aos autos pela Autora às Fls. 31 a 42 e pela instituição Ré às Fls. 108 a 140 e também às Fls. 149 a 181, 190 a 222 e 231 a 263, seguem as respostas:

- Data de assinatura – **10 de julho de 2014** (Fls. 41)
- Valor do crédito concedido – **R$ 414.000,00** (Fls. 32)
- Prazo de amortização – **420 meses** (Fls. 32)
- Sistema de amortização adotado – **SAC** (Fls. 31)
- Objeto do contrato – **Aquisição de Imóvel usado residencial quitado** (Fls. 31)

6.2) A linha de crédito em questão tem vinculação com o Sistema Financeiro de Habitação – SFH? Qual a origem dos recursos utilizados pelo Banco Financiador para fomentar a linha de crédito em questão?

RESPOSTA: Sim, confirmada pela própria denominação contratual "Instrumento particular de Venda e Compra de Imóvel, Mútuo e Alienação Fiduciária em garantia do SFH – Sistema Financeiro da Habitação". Conforme consta no Instrumento Particular às fls.31 – item B2, a Origem dos Recursos é o SBPE, ou seja, o Sistema Brasileiro de Poupança e Empréstimos.

6.3) A prestação inicial foi calculada corretamente tendo em vista o Sistema de Amortização adotado? Solicitamos apresentar os cálculos. Queira o Sr. Perito, também, apresentar as características desse Sistema de Amortização adotado entre as partes.

RESPOSTA: Conforme demonstrado a seguir, a prestação inicial foi calculada corretamente:

DATA DO FINANCIAMENTO	10/07/14
VALOR FINANCIADO	414.000,00
PRAZO - EM Nº MESES	420
TAXA DE JURO NOMINAL - ANUAL	8,4175%
AMORTIZAÇÃO	985,71
JUROS 1a. PARCELA	2.904,04
PRÊMIO DE SEGURO	132,75
TAXA DE ADMINISTRAÇÃO	25,00
PARCELA TOTAL	4.047,50

Cabe ainda acrescentar que o Sistema de Amortização contratado através do presente Instrumento Particular utiliza a modalidade SAC – Sistema de Amortização Constante. Segundo José Dutra Vieira Sobrinho (2008 – 8ª edição): "Sua denominação deriva da sua principal característica, ou seja, as amortizações periódicas são todas iguais ou constantes. O SAC consiste em um plano de amortização de uma dívida em prestações periódicas, sucessivas e decrescentes em progressão aritmética, dentro do conceito de termos vencidos, em que o valor de cada prestação é composto por uma parcela de juros e outra de capital, chamada de amortização. Os valores das prestações são facilmente calculados. A parcela de capital é obtida dividindo-se o valor do empréstimo (ou financiamento) pelo número de prestações, enquanto o valor da parcela de juros é determinado multiplicando-se a taxa de juros pelo saldo devedor existente no período imediatamente anterior."

6.4) Qual a taxa de juros contratada? Pode o Sr. Perito informar se os
juros foram cobrados conforme o estabelecido em contrato?

RESPOSTA: A taxa nominal anual definida no Instrumento Particular – item B10 (fls. 32) é de 8,7873% (Balcão) e 8,4175% (Reduzida), que equivale a 0,73% e 0,70% ao mês respectivamente. Os juros foram cobrados em linha com o estabelecido no contrato, ou seja, a taxa Reduzida foi aplicada para as parcelas pagas em dia e a taxa Balcão para aquelas pagas após o vencimento, conforme demonstrado no **APÊNDICE I**.

6.5) Qual a periodicidade e qual o índice estabelecido no instrumento contratual para atualização do saldo devedor? Os índices aplicados estão em conformidade com o pactuado entre as partes?

RESPOSTA: A base de atualização do saldo devedor é a Taxa Referencial (TR) e a periodicidade é mensal, conforme instrumento celebrado entre as partes, especificamente na cláusula contratual nº 6 (fls. 34) – ATUALIZAÇÃO DO SALDO DEVEDOR E DA GARANTIA – Ocorre mensalmente, na data do vencimento do encargo mensal, pelo índice de atualização aplicável aos depósitos de poupança.

Os índices foram aplicados em linha com o estabelecido no contrato, conforme demonstrado no **APÊNDICE I**.

6.6) Queira o Sr. Perito informar quais são os critérios de reajuste/recálculo dos encargos mensais tendo por base o contrato de financiamento assinado entre as partes. Solicitamos informar se

24 – Exemplos de Laudos Periciais

esses critérios foram adotados pelo Banco Financiador justificando sua resposta.

RESPOSTA: A atualização as prestações de amortização ocorre pelos juros remuneratórios, cuja definição que está na cláusula nº 5 do mesmo instrumento (fls. 34): JUROS REMUNERATÓRIOS – Incidem sobre a quantia mutuada, até a solução da dívida, às taxas fixadas neste contrato e sobre as importâncias despendidas pelo Banco Financiador, para preservação de seus direitos decorrentes deste contrato e as necessárias à manutenção e realização da garantia.
O cálculo dos encargos mensais foi realizado em linha com o estabelecido no contrato, conforme demonstrado no **APÊNDICE I**.

6.7) Os reajustes/recálculos, dos encargos previstos no contrato, estão vinculados ao salário ou as correções salariais da Categoria Profissional dos mutuários?

RESPOSTA: Não. As regras de reajustes e encargos firmadas entre a Autora e a instituição Ré estão detalhadas nas respostas aos Quesitos 6.5) e 6.6).

6.8) Quantos encargos foram efetivamente quitados pelo mutuário? Houve alguma negociação durante a vigência do contrato? O contrato encontra-se inadimplido?

RESPOSTA: Conforme Recibos de Pagamento juntados aos autos pela Autora (fls. 52 a 54), foram quitadas as parcelas 001 a 017, esta última vencida em 10/12/15 e quitada em 17/02/16. Através das Planilhas de Evolução do Financiamento acostadas no processo pela instituição Ré (fls. 85 a 89 e 102 a 106) é possível ratificar esta mesma informação. Sendo assim, não existe evidência alguma no processo de pagamentos a partir da parcela 018, cujo vencimento original é 10/01/16, como também não foi localizado nenhum documento formalizando uma possível negociação do contrato vigente.

7. Conclusões:

Após o exame detalhado dos autos e documentos que o instruem a análise técnica, as respostas aos quesitos e a metodologia aplicada para elaboração do Laudo Pericial, ficou constatado que:

7.1) O contrato nº 1.4444.9999999-2, celebrado entre a Autora e a instituição Ré através do "Instrumento particular de Venda e Compra de Imóvel, Mútuo e Alienação Fiduciária em garantia do SFH – Sistema Financeiro da Habitação", foi assinado em 10 de julho de 2014, para aquisição de imóvel usado residencial quitado no valor de R$ 460.000,00, sendo R$ 46.000,00 quitados com recursos próprios da Autora, restando o financiamento de R$ 414.000,00, com prazo de amortização – 420 meses, através do Sistema de Amortização Constante – SAC .

7.2) A base de atualização do saldo devedor é a Taxa Referencial (TR) e a periodicidade é mensal, de acordo com este instrumento celebrado entre as partes, especificamente na cláusula contratual nº 6 (fls. 34) – ATUALIZAÇÃO DO SALDO DEVEDOR E DA GARANTIA – Ocorre mensalmente, na data do vencimento do encargo mensal, pelo índice de atualização aplicável aos depósitos de poupança. Conforme Demonstrativo de Evolução do Contrato (APÊNDICE I), é possível observar que os valores calculados pela instituição Ré respeitaram este critério.

7.3) A taxa de juros nominal anual definida no Instrumento Particular – item B10 (fls. 32) é de 8,7873% (Balcão) e 8,4175%(Reduzida), que equivale a 0,73% e 0,70% ao mês respectivamente. Os juros foram cobrados em linha com o estabelecido no contrato, à taxa Reduzida de 0,70% para a quitação das parcelas 001 a 011 no vencimento e aplicação da taxa Balcão de 0,73% para as parcelas 012 a 017 quitadas após o vencimento, conforme demonstrado no **APÊNDICE I**.

7.4) Com relação à parte Autora, fica comprovada a quitação das parcelas 001 a 017, esta última vencida em 10/12/15 e quitada em 17/02/16. Sendo certo que não existe evidência alguma no processo de pagamentos a partir da parcela 018, cujo vencimento original é 10/01/16, como também não foi localizado nenhum documento formalizando uma possível negociação do contrato vigente.

7.5) Finalmente, diante da pericia realizada, é possível afirmar tecnicamente que não foi detectada nenhuma inconsistência praticada pela instituição Ré no que tange ao contrato nº 1.4444.9999999-2, seja em termos de cálculo de prestações, atualização do saldo devedor e encargos mensais, bem como, a inexistência de anatocismo.

8. Encerramento

OBS.: Colaborou na elaboração do presente Trabalho Técnico o perito judicial Jurandyr Vital Danielli Filho, Administrador CRA-RJ 20-69166-1, membro da APJERJ.

Sendo assim, nada mais havendo a expor, encerra esta Perita o presente Laudo Pericial, contendo 17 (dezessete) páginas e os anexos/apêndices abaixo relacionados, colocando-se à disposição da Exmo. Dr. Juiz, para quaisquer esclarecimentos adicionais que se fizerem necessários.

Atenciosamente,

Rio de Janeiro (RJ), 20 de abril de 2018.

SILVANA ALVARO GOMES PITA

Perita do Juízo

Contadora

154 — Manual da Perícia Financeira

– APÊNDICE:

I) Demonstrativo da Evolução do Contrato

APÊNDICE I) Demonstrativo da Evolução do Contrato

PROCESSO: 0159159-14.2017.4.02.5101
Ação: Ação Ordinária de Revisão Contratual com pedido de tutela de urgência
Autor: ALAIDE SANTOS BITENCOURT
Réu : CEF - CAIXA ECONÔMICA FEDERAL
Contrato : 1.4444.0644658-2

APÊNDICE I (CALCULO DA PRESTAÇÃO INICIAL - SAC)		
DATA DO FINANCIAMENTO	10/07/14	10/07/15
VALOR FINANCIADO	414.000,00	406.993,37
PRAZO - EM Nº MESES	420	408
TAXA DE JURO NOMINAL - ANUAL	8,4175%	8,7873%
AMORTIZAÇÃO	985,71	997,53
JUROS 1a. PARCELA	2.904,04	2.980,31
PRÊMIO DE SEGURO	132,75	163,32
TAXA DE ADMINISTRAÇÃO	25,00	25,00
PARCELA TOTAL	4.047,50	4.166,16

(EVOLUÇÃO DO FINANCIAMENTO - CONFORME CONTRATO)

PRESTAÇÃO			Índice de Atualização Monetária	SALDO ANTERIOR ATUALIZADO	JUROS MENSAL 0,70% / 0,73%	PRESTAÇÃO MENSAL PAGA	PRÊMIO DE SEGURO	TAXA DE ADMINISTRAÇÃO	AMORTIZAÇÃO	TOTAL ENCARGOS MORA	SALDO DEVEDOR ATUALIZADO	
VENCIMENTO	PAGAMENTO	nº									PRINCIPAL	JUROS
10/07/14		0									414.000,00	
10/08/14	VENCTO	1	1,000932	414.385,85	2.906,74	4.050,09	132,75	25,00	985,71		413.400,13	-
10/09/14	VENCTO	2	1,000930	413.784,60	2.902,53	4.045,78	132,75	25,00	985,71		412.798,88	-
18/10/14	VENCTO	3	1,000897	413.169,16	2.898,21	4.041,33	132,75	25,00	985,71		412.183,45	-
10/11/14	VENCTO	4	1,000631	412.443,54	2.893,12	4.036,10	132,75	25,00	985,71		411.457,82	-
10/12/14	VENCTO	5	1,001234	411.965,56	2.889,77	4.032,67	132,75	25,00	985,71		410.979,85	-
10/01/15	VENCTO	6	1,000624	411.318,49	2.885,23	4.028,01	132,75	25,00	985,71		410.332,78	-
10/02/15	VENCTO	7	1,000856	410.676,82	2.880,72	4.023,38	132,75	25,00	985,71		409.690,10	-
10/03/15	VENCTO	8	1,000198	409.771,22	2.874,37	4.016,84	132,75	25,00	985,71		408.785,51	-
10/04/15	VENCTO	9	1,001381	409.350,04	2.871,42	4.013,83	132,75	25,00	985,71		408.364,33	-
10/05/15	VENCTO	10	1,000709	408.653,86	2.866,54	4.008,81	132,75	25,00	985,71		407.668,14	-
10/06/15	VENCTO	11	1,001588	408.315,52	2.864,15	4.036,19	163,32	25,00	985,71		407.329,80	-
10/07/15	19/08/15	12	1,001594	407.979,09	2.987,53	4.350,96	163,32	25,00	985,71	189,40	406.993,37	-
10/08/15	25/09/15	13	1,001935	407.780,91	2.986,08	4.378,15	163,32	25,00	997,52	206,27	406.783,39	-
10/09/15	13/11/15	14	1,001891	407.562,61	2.984,41	4.422,78	163,32	25,00	997,52	252,57	406.555,09	-
10/10/15	15/12/15	15	1,002145	407.427,15	2.983,49	4.211,49	163,32	25,00	997,52	257,73	406.429,63	-
10/11/15	17/02/16	16	1,001130	406.888,90	2.979,55	6.938,63	163,32	25,00	997,52	345,89	405.891,38	-
10/12/15	17/02/16	17	1,002206	406.819,25	2.979,04		163,32	25,00	997,52	282,87	405.821,73	-
SALDO DEVEDOR 10/12/15											405.821,73	

LAUDO PERICIAL nº 2:

Exmo. Sr. Dr. Juiz de Direito da xxª Vara Cível da Comarca de Petrópolis/ RJ

Processo: XXXXXXX-XX.XXXX.X.XX.XXXX

Classe/Assunto: Cobrança de Quantia Indevida e/ou Repetição de Indébito – CDC

Requerente: xxxxxxxxxxxxxxxxxxxxxxx

Requerido: xxxxxxxxxxxxxxxxxxxxxxxxxxx

BIANCA CRISTINA LIMA RIBEIRO DA SILVA, Contadora com CRC/RJ nº 098362/O-0, Perita Judicial nomeada às *fls. 139/140*, vem, mui respeitosamente à presença de V. Exa. para **APRESENTAR** o resultado de seu trabalho, nos termos do presente

LAUDO PERICIAL CONTÁBIL

para o qual requer sua juntada aos autos.

I – BREVE HISTÓRICO DESTE PROCESSO SEGUNDO ESCOPO DA PERÍCIA:

Trata-se de ação revisional de débito c/ pedido de antecipação de tutela c/c expressa declaração de nulidade de cláusula contratual, na qual alega a parte Autora, em resumo, na inicial às *fls. 03/14*, ter comprado com a empresa ré uma cama do tipo beliche. Escolheu um modelo que custava R$ 699,00 e optou pelo financiamento em 08 parcelas no valor de R$ 165,04.

Alega também, que quando foi solicitada a assinar a nota fiscal foram juntamente apresentados outros documentos pela empresa ré. Os documentos apresentados foram uma garantia estendida no valor de R$ 143,00 acrescido de R$ 49,24, a título de despesas financeiras que seriam pagas em 8 parcelas de R$ 24,03, bem como um microsseguro vida protegida e premiada no valor de R$ 79,90, acrescido de R$ 27,46 a título de despesas financeiras que também seriam dissolvidas no financiamentos em 8 parcelas de R$ 13,42.

Dentre os pedidos, a parte autora requer que a ré: (1) junte a planilha atualizada do débito; (2) exclua do valor das parcelas mensais a garantia estendida, despesas financeiras e seguros; (3) que seja julgado pro-

cedente o pedido para condenar o réu a rever a dívida do requerente de acordo com as normas legais no país e o for apurado em perícia contábil, excluindo-se os serviços não contratados, declarando-se para tanto nulas as cláusulas contratuais.
A inicial veio instruída com os documentos de *fls. 22/40*.

Em *fls. 43/44*, consta o deferimento da JG.
Às fls. 53/60, consta Agravo de Instrumento da parte autora contra a decisão de *fls. 43/44*, que indeferiu o pedido de antecipação de tutela requerido na petição inicial.

Às *fls. 65/77, a* parte Ré apresentou Contestação, onde diz que a parte autora ajuizou a presente ação postulando a devolução da quantia paga pelo seguro, bem como a condenação da ré ao pagamento de danos morais.
Alega aparte ré que a requerente aderiu ao contrato de seguro juntamente com a compra do produto e que o fez por livre e espontânea vontade, assinou o contrato sabendo de seus custos e vantagens. Afirma que a compra do produto não estava de maneira alguma condicionada à compra do seguro, pois a autora assinou contratos distintos.

A empresa ré requer que seja julgado improcedente o pedido da parte autora, com a sua consequente condenação, caso seja o processo submetido ao duplo grau de jurisdição, nas custas, despesas processuais e honorários advocatícios de sucumbência.

Às *fls. 104/105,* Proposta a conciliação a mesma restou inócua.
Despacho as *fls. 111,* mantenho a decisão agravada pelos seus próprios fundamentos.

II – OBJETO DA PERÍCIA:

A presente perícia se deu em atenção à decisão do Exmo. Juiz às *fls. 139/140,* deferindo a produção da prova pericial requerida pela parte autora, sendo nomeada esta Perita Contábil para a produção da prova técnica requerida.

Apenas a parte autora apresentou quesitos *fls. 15,* as partes não indicaram Assistente Técnico.

III – METODOLOGIA E CRITÉRIOS DE TRABALHO:

A finalidade da prova pericial contábil é comunicar as partes interessadas, em linguagem simples, os fatos observados sob a ótica da Ciência Contábil, dentro de uma filosofia que permita aproveitar os fatos observados, mercê dos exames procedidos, para o esclarecimento dos pontos dúbios e revelar a verdade que se quer conhecer.

1) Foi adotada a seguinte metodologia para a execução do trabalho:

   a) Análise dos autos e exame dos documentos fornecidos nos autos do processo;

   b) Leitura das cópias do Contrato *fls. 67/68*, Nota Fiscal *fls. 22/23*, Bilhete de Seguro de Garantia Estendida fls. 24/25 e Bilhete de Microsseguro Vida Protegida *fls. 29/30* ;

   c) Elaboração de planilhas com cálculos matemáticos referentes aos dados levantados nas cópias acostadas aos autos: contrato *fls. 67/68*, Nota Fiscal *fls. 22/23*, Bilhete de Seguro de Garantia Estendida fls. 24/25 e Bilhete de Microsseguro Vida Protegida *fls. 29/30*;

   d) Não foram consideradas as cópias dos carnês acostados às *fls. 34/40*, pela parte autora, por não constar comprovante de pagamento nas cópias;

   e) Não houve necessidade de diligência externas, junto às pessoas litigantes;

   f) Foi feita pesquisa em *sites* do Banco Central do Brasil.

   g) Respostas aos quesitos, sempre procurando se isentar do entendimento da aplicabilidade das normas legais, por se tratar de mérito especificamente do juízo, o que enseja se abstrair das indagações concernentes à interpretação das leis.

2) Foram adotados os seguintes critérios de cálculo para a execução do trabalho:

   a) Composição da Apuração da Prestação e Planilha da evolução do Saldo Devedor, conforme cópia do contrato entre as partes *fls. 67/68*, vide ANEXO IV;

b) Composição da Apuração da Prestação e Planilha da evolução do Saldo Devedor, neste cálculo foi retirado o valor referente o Seguro de Garantia fls. 24/25 e o valor do Microsseguro Vida Protegida *fls. 29/30*, conforme solicitado no pedido da inicial fls. 13 e decisão *fls. 139*, vide ANEXO I;

c) Composição da Apuração da Prestação e Planilha da evolução do Saldo Devedor do Seguro de Garantia fls. 24/25 e do Microsseguro Vida Protegida *fls. 29/30*;

d) Cálculo para verificação dos juros aplicados na parcela 1/8 paga após vencimento, fls. 33:

Valor da Parcela cobrada R$ 165,04 x 6,92% (taxa efetiva fls. 67) =   R$11,42

e) Sistema de Amortização de Dívida: Tabela Price.

DOS EXAMES REALIZADOS:

Ciente dos fatos em discussão a perícia analisou toda documentação carreada aos autos e verificou que consta na cópia da Nota Fiscal/DANFE 011151849 às *fls. 22/23, no* **campo natureza da operação**, que a venda do produto foi realizada através de "venda financiada". Cabe esclarecer que o valor financiado através da Nota Fiscal/DANFE é o que segue:

Natureza Da Operação	Data da emissão	Valor total do produto	Valor Do Frete	(*) Outras Despesas acessórias	Valor total da Nota
Venda Financiada	01/07/2015	R$ 699,00	R$ 20,00	R$ 30,00	R$ 749,00

(*) Outras despesas acessórias às *fls. 23* é referente a taxa de montagem.

Foi anexado pela parte ré às *fls. 67/68*, cópia do <u>Contrato de venda financiada</u> celebrado entre as partes e a Instituição Financeira Banco Bradesco S/A, onde constam os seguintes dados:

a) Valor da compra: R$ 971,90;
b) Valor despesa financeira: R$ 334,50
c) Valor crédito: R$ 1.306,40;
d) Quantidade de parcelas: 08;
e) Valor da Parcela: R$ 163,30;

f) Valor do IOF total: R$ 13,92;
g) Valor do IOF por parcela: R$ 1,74
h) Valor de cada parcela com IOF: R$ 165,04;
i) Data do contrato: 01/07/2015;
j) Data do 1º vencimento: 01/08/2015;
k) Data do último vencimento: 01/03/2016;
l) Forma de pagamento: Carnê;
m) Taxa Efetiva mensal: 6,92%;
n) CET mensal: 7,02%.

Para melhor entendimento, foram realizadas planilhas (anexo I ao IV) para demonstrar a evolução da parcela individual referente às *fls. 22/23*, 24/25, 29/30 e 67/68.

DO SISTEMA DE AMORTIZAÇÃO DE DÍVIDA CONTRATADO – TABELA PRICE:

O Sistema de amortização de dívida contratado foi a Tabela Price, nesse sistema de amortização de dívida, as prestações contratadas são **iguais (**valor constante**), periódicas** e **sucessivas**. Os juros, por incidirem sobre o saldo devedor, são decrescentes e as amortizações crescentes ao longo do tempo contratual, a soma dessas duas parcelas permanece sempre igual ao valor da prestação.

Depois de tudo devidamente examinado passa este signatário perito a atender aos quesitos formulados pela parte autora, na forma como adiante seguem transcritos e respondidos:

IV – RESPOSTA AOS QUESITOS:
1) QUESITOS FORMULADOS PELA AUTORA – *fls. 15*

1 – Qual a dívida original da autora para com a Ré, de áordo (sic) com a documentação anexada;

Resposta: Prejudicada a resposta por tratar-se de matéria de mérito.

2 – Qual a taxa de juros, correção monetária e encargos inseridos na dívida da autora pela Ré;

RESPOSTA: Após cálculos foi possível verificar que a taxa de juros inserida na dívida da autora pela Ré foi 6,9135%, conforme consta no comprovante de pagamento da parcela 1/8 *fls. 33*.

3 – Se tais encargos, taxas e correção monetária estão de acordo com as normas legais vigentes e, se negativo, quais seriam os valores corretos;

RESPOSTA: Consultando o site do Banco Central do Brasil, verificou este signatário perito que na data do pagamento da parcela 1/8 o mercado financeiro operava com a taxa de juros de 6,79% a.m.

Data	20742 – Taxa média de juros das operações de crédito com recursos livres – Pessoas físicas – Crédito pessoal não consignado – % a.a.	Taxa média de juros – Pessoas físicas – Crédito pessoal não consignado – % a.m.
jun/15	112,56	6,49
jul/15	115,80	6,62
ago/15	119,85	6,79
Fonte	BCB	

4 – Se o réu praticou, no caso em tela, anatocismo ou outra prática ilegal;

RESPOSTA: Prejudicada a resposta por tratar-se de matéria de mérito.

5 – Outras informações que julgar corretas;

RESPOSTA: Nada mais a elucidar, além das respostas dos quesitos e anexos.

V – <u>CONCLUSÕES MATEMÁTICAS ALCANÇADAS</u>:

Com base em tudo o que foi dado a analisar, pode este signatário perito informar que em 01/07/2015 foi celebrado entre as partes e a instituição financeira Banco Bradesco S/A Contrato de Venda Financiada, às *fls. 67/68* (vide cálculo anexo IV).

Quanto à taxa de juros prefixada contratada foi de 6,92%a.m. (taxa efetiva), e a média de mercado segundo o Banco Central do Brasil na mesma época da contratação foi de 6,62%a.m.

Assim sendo, após deduzir do contrato de venda financiada (fls. 67/68) o valor referente ao Seguro Garantia e Microsseguro Vida Protegida, ficou o total R$ 749,00 para ser financiado, conforme consta na Nota Fiscal (fls. 22/23). Todos os contratos estão demonstrados através de planilhas nos anexos I a IV.

Para melhor entendimento dos valores cobrados pela parte ré segue resumo:

24 – Exemplos de Laudos Periciais

Anexo	Documentos analisados	Valor Contratado sem juros	juros apurados	Valor Contratado (col.3 + col.4)	Prestação mensal (col.5 / 8)	IOF mensal	Valor da parcela cobrada a.m (col. 6 + col.7)
Col.1	Col.2	Col.3	Col.4	Col.5	Col.6	Col.7	Col.8
I	Nota Fiscal/DANFE 011151849 às fls. 22/23	749,00	257,80	1.006,80	125,85		
II	Bilhete de Seguro de Garantia Estendida fls. 24/25	143,00	49,24	192,24	24,03		
III	Bilhete de Microsseguro Vida Protegida fls. 29/30	79,90	27,46	107,36	13,42		
IV	Contrato de venda financiada fls. 67/68	971,90	334,50	1.306,40	163,30	1,74	165,04

Cabe lembra que a parcela mensal contratada com IOF foi de R$ 165,04 e que após retirar o Seguro Garantia e Microsseguro Vida Protegida a parcela mensal passou para R$ 127,19. Logo, houve redução no valor de R$ 37,85 (trinta e sete reais e oitenta e cinco centavos) em cada parcela.

Consta às fls. 33, cópia do comprovante referente ao pagamento da parcela 1/8 paga após o vencimento. Segue cálculo da apuração da diferença paga a maior.

	Parcela	Valor da Parcela	IOF mensal	Total Parcela mensal	(*) Juros/multa	Valor parcela com juros
fls. 33	COM Seguro de Garantia e Microsseguro Vida (paga)	163,30	1,74	165,04	11,41	176,45
anexo I	SEM - Seguro de Garantia e Microsseguro Vida (apurada)	125,85	1,34	127,19	8,79	135,98
	Diferença paga a maior					40,47

(*) Juros/multa = Taxa Efetiva 6,92% a.m) *fls . 67*

VI – **ENCERRAMENTO:**

E assim, nada mais havendo a considerar, encerro o presente Laudo Pericial Contábil, composto de 14 (quatorze) laudas, sendo 10 de texto e 4 de anexos, que segue assinado, para que produza os legais efeitos.

Termos em que,
Pede Deferimento
Rio de Janeiro, 08 de junho de 2017

Bianca Cristina Lima Ribeiro da Silva

Perita Judicial

VII – Segue planilhas com os cálculos que embasaram o laudo acima.

ANEXO I

Composição da Apuração da Prestação conforme pedido da inicial fls. *13* e decisão *fls. 139*

Data da Contratação	01/07/2015
Data do 1º vencimento	01/08/2015
Data do último vencimento	01/03/2016
Valor do produto (Nota Fiscal fls. 23)	699,00
Valor do frete (Nota Fiscal fls. 23)	20,00
Valor da taxa de montagem (Nota Fiscal fls. 23)	30,00
Valor total da nota	**749,00**
Quantidade de parcelas	8
Taxa efetiva – ao mês	7,086%
Sistema Amortização Dívida	TP
Carência nas parcelas mensais-dias	0
Valor da Prestação Mensal	125,85

Planilha da evolução do Saldo Devedor

Parcelas nº	Data Vencto.	Valor das Prestações	Juros	Amortiz. Capital	Saldo Devedor
0	01/07/15				**749,00**
1	01/08/15	125,85	53,07	72,78	676,22
2	01/09/15	125,85	47,91	77,94	598,29
3	01/10/15	125,85	42,39	83,46	514,83
4	01/11/15	125,85	36,48	89,37	425,46
5	01/12/15	125,85	30,15	95,70	329,75
6	01/01/16	125,85	23,37	102,48	227,27
7	01/02/16	125,85	16,10	109,75	117,52
8	01/03/16	125,85	8,33	117,52	**0,00**
TOTAL		**1.006,80**			

Foi levado em consideração para realização do cálculo deste anexo valores da Nota Fiscal/DANFE 011151849 às *fls. 22/23* e dados do Contrato de Venda Financiada às fls. 67/68.

ANEXO II

Composição da Apuração da Prestação conforme cópia do Bilhete de Seguro de Garantia Estendida Original *(fls.24/25)*

Data da Contratação	01/07/2015
Data do 1º vencimento	01/08/2015
Data do último vencimento	01/03/2016
Valor do Seguro de Garantia Estendida (fls. 25)	**143,00**
Quantidade de parcelas	8
Taxa efetiva – ao mês	7,088%
Sistema Amortização Dívida	TP
Carência nas parcelas mensais-dias	0
Valor da Prestação Mensal	**24,03**

Planilha da evolução do Saldo Devedor

Parcelas nº	Data Vencto.	Valor das Prestações	Juros	Amortiz. Capital	Saldo Devedor
0	01/07/15				**143,00**
1	01/08/15	24,03	10,14	13,89	129,11
2	01/09/15	24,03	9,15	14,88	114,23
3	01/10/15	24,03	8,10	15,93	98,29
4	01/11/15	24,03	6,97	17,06	81,23
5	01/12/15	24,03	5,76	18,27	62,96
6	01/01/16	24,03	4,46	19,57	43,39
7	01/02/16	24,03	3,08	20,95	22,44
8	01/03/16	24,03	1,59	22,44	**0,00**
TOTAL		**192,24**			

ANEXO III

Composição da Apuração da Prestação conforme cópia do Bilhete de Microsseguro Vida Protegida e Premiada (*fls. 29/30*)

Data da Contratação	01/07/2015
Data do 1º vencimento	01/08/2015
Data do último vencimento	01/03/2016
Valor Microsseguro Vida (fls. 30)	**79,90**
Quantidade de parcelas	8
Taxa efetiva – ao mês	7,075%
Sistema Amortização Dívida	TP
Carência nas parcelas mensais-dias	0
Valor da Prestação Mensal	**13,42**

Planilha da evolução do Saldo Devedor

Parcelas nº	Data Vencto.	Valor das Prestações	Juros	Amortiz. Capital	Saldo Devedor
0	01/07/15				**79,90**
1	01/08/15	13,42	5,65	7,77	72,13
2	01/09/15	13,42	5,10	8,32	63,82
3	01/10/15	13,42	4,52	8,90	54,91
4	01/11/15	13,42	3,89	9,53	45,38
5	01/12/15	13,42	3,21	10,21	35,17
6	01/01/16	13,42	2,49	10,93	24,24
7	01/02/16	13,42	1,71	11,70	12,53
8	01/03/16	13,42	0,89	12,53	**0,00**
TOTAL		**107,36**			

ANEXO IV

Composição da Apuração da Prestação conforme cópia do contrato entre as partes (fls. 67/68)

Data da Contratação	01/07/2015
Data do 1º vencimento	01/08/2015
Data do último vencimento	01/03/2016
Valor do produto (Nota Fiscal fls. 22/23)	749,00
Valor do Seguro de Garantia Estendida (fls. 24/25)	143,00
Valor Microsseguro Vida (fls. 29/30)	79,90
Saldo do Preço a Pagar	**971,90**
Quantidade de parcelas	8
Taxa efetiva – ao mês	7,085%
Sistema Amortização Dívida	TP
Carência nas parcelas mensais-dias	0
Valor da Prestação Mensal sem IOF	163,30
IOF total	13,92
IOF mensal	1,74
Valor da Prestação Mensal com IOF	**R$ 165,04**

Planilha da evolução do Saldo Devedor

Parcelas nº	Data Vencto.	Valor das Prestações	Juros	Amortiz. Capital	Saldo Devedor
0	01/07/15	-	-	-	971,90
1	01/08/15	163,30	68,86	94,44	877,46
2	01/09/15	163,30	62,17	101,13	776,33
3	01/10/15	163,30	55,01	108,29	668,04
4	01/11/15	163,30	47,33	115,97	552,07
5	01/12/15	163,30	39,12	124,18	427,88
6	01/01/16	163,30	30,32	132,98	294,90
7	01/02/16	163,30	20,89	142,41	152,50
8	01/03/16	163,30	10,80	152,50	0,00
TOTAL		**1.306,40**	**334,50**	**971,90**	-

LAUDO PERICIAL Nº 3:

EXCELENTÍSSIMO SENHOR DOUTOR JUIZ DA 29ª VARA CÍVEL DA COMARCA DA CAPITAL – RIO DE JANEIRO – RJ

Processo nº: XXXXXXX-XX.XXXX.X.X.XXXX
Ação: Procedimento Sumário – Interpretação E/ou Revisão de Contrato / Responsabilidade do Fornecedor
Autor/Requerente: XXXXXXXXXXXXXXX
Réu/Requerido: XXXXXXXXXXXXX

José Henrique Campos, Perito Contábil, nomeado por esse Senhor Doutor Juiz, às fls. 211 e devidamente compromissado nos autos do processo acima referenciado, tendo realizado as diligências necessárias, vem oferecer o resultado de suas conclusões através do presente,

LAUDO PERICIAL CONTÁBIL

Rio de Janeiro-RJ, 29 de abril de 2019.

José Henrique Campos
Perito Contador

APRESENTAÇÃO

1. IDENTIFICAÇÃO PROCESSUAL

2. INTRODUÇÃO

3. CONCLUSÃO

4. METODOLOGIA

5. RESPOSTAS AOS QUESITOS FORMULADOS

6. ENCERRAMENTO

1 – IDENTIFICAÇÃO PROCESSUAL

JUÍZO DE DIREITO DE JANEIRO – RJ — 29ª VARA CÍVEL DA COMARCA DA CAPITAL – RIO

NÚMERO — XXXXXXX-XX.XXXX.X.X.XXXX

NATUREZA — AÇÃO

AÇÃO OU REVISÃO DE — PROCEDIMENTO SUMÁRIO – INTERPRETAÇÃO E/

CONTRATO / RESPONSABILIDADE DO FORNECEDOR

PARTES: AUTOR — XXXXXXXXXXXXX

RÉU — XXXXXXXXXXXXX

2 – INTRODUÇÃO

2.1 OBJETIVO

O presente LAUDO tem por objetivo, examinar, analisar e concluir a Pericial Contábil no Contrato de Arrendamento Mercantil – *Leasing*, às fls. 18/25, pactuado pelas partes, em 19 de maio de 2008, do veículo marca Volkswagen modelo Polo Sedan 1.5 8 V (COMFORTL. XTOTA) ano fabricação 2008 modelo 2009, no valor de R$ 45.500,00 (quarenta e cinco mil e quinhentos reais), com o intuito de se juntar aos autos como prova Pericial Contábil.

2.2 HISTÓRICO

O Autor, XXXXXXXXXX, em 14 de agosto de 2009 protocolou a inicial AÇÃO, fls.02/14, AÇÃO DE REVISÃO DE CONTRATO C/C CONSIGNAÇÃO EM PAGAMENTO C/C PEDIDO DE ANTECIPAÇÃO DE TUTELA contra Banco XXXXXXXXXXXXX, requerendo o recolhimento protraído, para pagamento no prazo de 3 meses após a distribuição, a fim de notificar imediatamente a parte Ré e para que se recolha a consignação de contraprestação. Desejando permanecer na posse do veículo, pedindo que seja concedida a antecipação da tutela, para impedir a reintegração de posse, enquanto se discute seus direitos, afirmando que o negócio jurídico de arrendamento mercantil foi formalizado por meio de instrumento padronizado, contrato de adesão, sendo o valor global do bem em R$ 45.500,00 em financiamento.

E que nada foi informado ao consumidor, quanto ao valor residual garantido (VRG), que o Autor não foi comunicado de seus direitos em pagar o VRG, em valores menores e em única vez. Sendo o seu valor de VRG no ato em R$ 2.150,00, entendendo que o consumidor, paga o valor do veículo, mais aluguel, mais juros abusivos. Tendo o seu carnê com 60 parcelas no valor de R$ 1.064,70 perfazendo um total contratado de R$ 63.882,00, verificando-se o absurdo de juros cobrados, sendo observado no contrato que o valor do veículo é R$ 19.597,80, sendo o valor da contraprestação R$ 326,63 e do VRG em R$ 738,07 e a opção de pagar o VRG no início à vista, é de R$ 2.150,00

DOS PEDIDOS:

"a) Seja deferido o recolhimento protraído;

b) A concessão de antecipação parcial da tutela, para determinar que o Réu se abstenha de lançar o nome do autor nos cadastros de devedores, ou determinar a exclusão, até a decisão definitiva na presente ação;

c) Seja concedida, tutela cautelar, para que seja a Autora nomeada depositária fiel do veículo, até final da lide.

d) Seja determinada a réu, no prazo de 5 dias consoante o inciso VIII, do art. 6º, do CDC, a apresentação de planilha indicativa de todos os cálculos descritivos da dívida, apontando as taxas e forma de aplicação dos juros e comissões, os pagamentos efetuados pelo autor, desde o início da relação jurídica até a atualidade com a descrição das taxas de juros e comissões aplicadas no período;

e) Seja decretada a revisão da relação obrigacional desde o seu início, com a anulação da taxa de juros aplicada, fazendo incidir a taxa legal de 1% AO MÊS E 12% AO ANO, OU, CASO NÃO SEJA ESSA A CONCLUSÃO, COMO PEDIDO SUBSIDIÁRIO SEJA FIXADO, COMO PATAMAR MÁXIMO DE JUROS, O EQUIVALENTE A TAXA SELIC, representativa dos juros praticados no mercado financeiro para a tomada de empréstimo entre as instituições, estipuladas durante o período controvertido e a anulação das cláusulas contratuais contrárias à ordem jurídica, especialmente;

f) Decretar a revisão do débito para sua apuração com o expurgo da capitalização dos juros (ANATOCISMO), operada durante todo o período, bem como para que seja resgatado o equilíbrio contratual originário (inciso V, do art. 6º, do CDC);

g) Suspensão do pagamento referente a VRG face que este foi devidamente pago a vista no início do contrato de leasing;

h) Seja condenado o réu na repetição em dobro do indébito pago pela autora durante todo o período do contrato, devidamente corrigido (art. 42 do CDC);

i) Condenação ao ônus de sucumbência.

Assim, requer a citação do Réu, para oferecer defesa, se quiser, no prazo de 15 dias, sob pena de revelia e, ao final, se digne julgar procedente o pedido, nos termos acima expostos, condenando o Réu, ainda, nas custas judiciais e honorários advocatícios.

Protesta, desde logo, pela INVERSÃO DO ÔNUS DE PROVA e pela produção de todos os meios de prova que se fizerem necessários, especialmente, documental, testemunhal e pericial.

Dá-se a causa o valor de R$ 19.597,80"

Em 23 de maio de 2013, o Réu XXXXXXXXXX, protocolou sua contestação, às fls. 54/88, alegando que o Autor tenta se esquivar da dívida, que assinou o contrato de financiamento assumindo a obrigação de pagar o acordado, mas não honrou com a sua obrigação pactuada deixando de pagar parcelas vencidas e vincendas. E que tentou várias cobranças, mas não teve sucesso, por desinteresse do Autor, não sendo possível uma composição amigável. O Réu ajuizou ação de reintegração de posse, que tramitou na 5ª Vara Cível desta Comarca, sob. Nº XXXXXXX-XX.XXXX.X.XX.XXXX, sendo certo que ante o deferimento da liminar de reintegração de posse o veículo foi apreendido em 03/02/2010 e em 17/11/2011 a ação foi julgada procedente e já transitou em julgado. Não vendo motivo para a revisão do contrato ou deferimento da liminar de manutenção da posse do veículo, uma vez que o Réu se encontra na posse do bem, pedindo que o processo seja extinto sem julgamento do mérito.
DOS PEDIDOS:

"Ex positis, requer a Vossa Excelência, recebida a presente contestação, reconhecendo a preliminar arguida extinguindo o feito, com

relação aos pedidos de mérito seja julgada TOTALMENTE IMPROCEDENTE, ao ter por norte que "... Não cabe ao juiz interferir genericamente no mercado para estabelecer taxas, mas é o seu dever intervir no contrato que estiver julgando para, reconhecendo o princípio do equilíbrio contratual, buscar a preservação entre a prestação oferecida e a contraprestação que está sendo exigida..[1]." mantendo-se incólume as cláusulas contratuais, na forma originalmente convencionada entre as partes, condenando do Autor ao pagamento das custas, honorários advocatícios e demais cominações legais.

Protesta e requer provar o alegado por todos os meios de provas legais e em direito admitidos, bem como os moralmente legítimos, ainda que não especificados no Código de Processo Civil.

[1]Esmo. Sr. Dr. Vitor Luiz de Oliveira Guibo – MM. Juiz de Direito da 11ª vara Cível da Comarca de Campo Grande."

1 Exmo. Sr. Dr. Vitor Luiz de Oliveira Guibo – MM. Juiz de Direito da 11ª Vara Cível da Comarca de Campo Grande.

2.3 CARACTERÍSTICA GERAL

Trata-se de Contrato de Arrendamento Mercantil – *Leasing*, às fls. 18/25, pactuado pelas partes, em 19 de maio de 2008, do veículo marca Volkswagen modelo Polo Sedan 1.5 8 V (COMFORTL. XTOTA) ano fabricação 2008 modelo 2009, no valor de R$ 45.500,00 (quarenta e cinco mil e quinhentos reais),

2.4 CARACTERÍSTICA ESPECÍFICA E ANÁLISE TÉCNICA

Necessário se faz destacar e comentar de *per se,* alguns pontos e características deste desenrolar jurídico para clareza melhor e entendimento e consenso:

– Contrato de Arrendamento Mercantil – *Leasing* e Nota Fiscal nº 173209 às fls. 18/25.

Destacamos as principais condições e cláusulas:

1) Dados do Arrendamento Mercantil:

– Valor do Veículo R$ 45.500,00 (quarenta e cinco mil e quinhentos reais);

– Mais Valor da Tarifa de Cadastro R$ 700,00 (setecentos reais);

– Mais Valor dos Serviços Prestados R$ 234,00 (duzentos e trinta e quatro reais);

– Valor Residual Garantido VRG R$ 46.434,00 (quarenta e seis mil e quatrocentos e trinta e quatro reais);

– Forma de Pagamento do VRG:

4,63023% Antecipado no Valor de R$ 2.150,00 (dois mil cento e cinquenta reais) e

95,36977% Parcelado no Valor de R$ 44.284,00 (quarenta e quatro mil duzentos e oitenta e quatro reais);

- Composição das Parcelas/Prestações do VRG:

Valor Básico da Contraprestação R$ 326,63 (trezentos e vinte e seis reais e sessenta e três centavos)

Valor da Parcela de Antecipação do VRG Caução R$ 738,07 (setecentos e trinta e oito reais e sete centavos)

Valor Total da Parcela/Prestações Periódica de Arrendamento R$ 1.064,70 (um mil e sessenta e quatro reais e setenta centavos);

– Taxa Juros 1,29% a.m. efetivo e 16,63% a.a.;

– Quantidade de Parcelas/Prestações 60 (sessenta) com a 1ª para 19/06/2008 e a última 19/05/2013;

- Periodicidade: Mensal;

- Modalidade de Reajustamento: Pré-Fixado

- Data do Contrato: 19 de maio de 2008

2) Itens do Contrato:

Cláusula 15 – Atrasos de pagamentos ficaram sujeitos, às fls. 22:

I – à Comissão de Permanência, às taxas permitidas pelo Banco Central do Brasil;

II – aos Juros Moratórios de 1% (um por cento) ao mês ou fração;

III – à Multa Contratual de 2% (dois por cento) e

Caso a Arrendadora necessite recorrer aos meios administrativos e judiciais para o recebimento dos valores de responsabilidade da Arrendatária, terá direito ao ressarcimento integral dos gastos comprovadamente incorridos, custas judiciais e, até o limite de 20% (vinte por cento) do valor total devido, os honorários advocatícios.

3 – CONCLUSÃO

Este Perito analisou o contrato da operação de arrendamento mercantil, *leasing*, pactuado pelas partes, e constatei que o procedimento do cálculo das prestações, tem o mesmo conceito da Tabela *Price*, isto é, a taxa de juros é capitalizada (juros compostos), ocorrendo juros sobre juros. Conforme a formula PMT = PV * {[$(1+i)^N$ * i]/[$(1+i)^N$- 1]}. Verifiquei, também, na ficha cadastral, às fls. 18, que a taxa ao mês informada é de 1,29 e no campo ao lado, consta a taxa ao ano de 16,63, constando assim a capitalização da taxa mensal de 1,29 que capitalizada são 16,63 ao ano. Observei que das 60 parcelas pactuadas, as 20 (vinte) primeiras foram pagas, sendo que as de nºs. 10, 11, 15, a 20 foram quitadas após o vencimento. Estando o contrato com as restantes 40 (quarenta) prestações como não pagas. Constatei que no EXTRATO DE CONTRATO – *LEASING,* às fls. 259/261, na coluna VRG, constam os valores da Multa moratória mais o valor da Comissão de Permanecia, ambas definidas no contrato na Cláusula 15 – "Atrasos de pagamentos ficaram sujeitos", às fls. 22.

Elaborei as Planilhas:

"PLANILHA COM OS CÁLULOS DAS PRESTAÇÕES PAGAS CONFORME CONTRATO" e apurei, conforme as cláusulas do contrato, que os valores das parcelas pagas após os seus vencimentos seguiram os critérios dos itens da cláusula 15:

Cláusula 15 – Atrasos de pagamentos ficaram sujeitos, às fls. 22:

I – à Comissão de Permanência, às taxas permitidas pelo Banco Central do Brasil;

II – aos Juros Moratórios de 1% (um por cento) ao mês ou fração;

III – à Multa Contratual de 2% (dois por cento).

E "PLANILHA COM OS CÁLULOS DAS PRESTAÇÕES NÃO PAGAS CONFORME CONTRATO – BASE: 24/01/2019", apurei, conforme cláusulas 15 do contrato, que o saldo devedor das prestações para o dia 24 de janeiro de 2019 é de R$ 290.046,35.

As duas planilhas estão com data base 29/01/2019 para servir de comparação com o EXTRATO DE CONTRATO – *LEASING,* às fls. 259/261. Coloquei nas minhas Planilhas as colunas "Multa 2,00%, "Juros Moratórios 1,00% a.m.", "Comissão de Permanência", e a "Taxa Comissão de Permanência – Praticada % a.m.", para a visibilidade das taxas.

4 – METODOLOGIA

Para elaborar este Laudo, a Perícia utilizou os documentos encostados nos autos, para analisar o Contrato às 18/24 e o EXTRATO DE CONTRATO – *LEASING,* às fls. 259/261

5 – RESPOSTA AOS QUESITOS FORMULADOS

Os textos dos quesitos formulados pelas Partes estão literalmente transcritos neste Laudo com os eventuais defeitos de linguagem que apresentam nas respectivas petições. Portanto, este Perito Judicial se responsabiliza pelas respostas técnicas a eles (quesitos) fornecidos, até o limite de seu entendimento lógico, decorrente de análise sintática aplicada, quando necessário, ao texto apresentado. Isto posto, seguem-se as respostas oferecidas aos quesitos formulados e pertinentes à perícia de natureza contábil.

Quesitos do Autor às fls. 144 a 145:

1) Queira o i. *expert* averiguar se há a prática de cobrança de juros sobre juros (anatocismo);
Resposta: O procedimento do cálculo das prestações tem o mesmo conceito da Tabela *Price,* a taxa de juros é capitalizada (juros compostos), ocorrendo juros sobre juros, conforme cálculo abaixo:

Onde: Pmt à Prestação
VP à Valor Parcelado = R$ 44.284,00
i à Taxa de Juros = 1,29% a m = 0,0129
n à Período do Parcelamento = 60 meses

PMT = PV *{[(1+i)^N * i]/[(1+i)^N- 1]}
PMT = 44.284,00 * { [(1+0,0129)^60 * 0,0129] / [(1+0,0129)^60 – 1]}
PMT = 44.284,00 * { [(1,0129)^60 * 0,0129] / [(1,0129)^60 – 1]}
PMT = 44.284,00 * { [2,1577159 * 0,0129] / [2,1577159 – 1]}
PMT = 44.284,00 * { 0,0278345 / 1,1577159}
PMT = 44.284,00 * 0,0240426
PMT = 1.064,70

2) Em caso positivo, queira o i. *expert* quantificar o valor pago pelo autor, indevidamente e a maior, devido a prática de anatocismo pelo réu;
Resposta: Prejudicada a resposta, não cabe ao perito definir se o valor pago é ou não indevido, Matéria de Direito.

3) Queira informar o i. *expert* se os juros remuneratórios cobrados pelo réu para pagamento das parcelas encontram-se acima da taxa média de mercado para operações similares;
Resposta: Em consulta ao site Banco Central do Brasil só está disponível a série histórica a parti de 2009, ficando assim, este Perito, impossibilitado de apurar a taxa média praticada na época (19 de maio de 2008).

4) Queira o perito esclarecer se há a cobrança de VRG diluído nas parcelas;
Resposta: Conforme Item 4.1, do Contrato às fls. 20, o Valor Residual de Garantido (VRG), foi definido que: 4,63023% no valor de R$ 2.150,00 como Antecipação (entrada), 95,36977% no valor de R$ 44.284,00 com Parcelado (prestações do Contrato) e como Parcela Final R$ 0,00.

5) Queira o perito informar se houve pagamento de VRG antecipado;
Resposta: Houve antecipação do VRG no Valor de R$ 2.150,00, conforme item 4.1 do Contrato às fls. 20.

6) Se digne a esclarecer se há a cobrança de outros encargos abusivos;

24 – Exemplos de Laudos Periciais 175

Resposta: As cobranças dos encargos, definidas na Cláusula 15 – Atrasos de pagamentos ficaram sujeitos, às fls. 22, São:

I – à Comissão de Permanência, às taxas permitidas pelo Banco Central do Brasil;

II – aos Juros Moratórios de 1% (um por cento) ao mês ou fração;

III – à Multa Contratual de 2% (dois por cento) e

Caso a Arrendadora necessite recorrer aos meios administrativos e judiciais para o recebimento dos valores de responsabilidade da Arrendatária, terá direito ao ressarcimento integral dos gastos comprovadamente incorridos, custas judiciais e, até o limite de 20% (vinte por cento) do valor total devido, os honorários advocatícios.

Quanto aos esclarecimentos de abusividade praticada, trata-se de Matéria de Direito, não Técnica, não cabe o Perito opinar.

7) Queira o i. *expert* informar tudo mais que for necessário para o deslinde da causa, inclusive o valor devido pelo autor, expurgada a capitalização de juros sobre juros;
Resposta: Nada mais há para ser informado por este auxiliar nesta prova pericial que seja adequado e conveniente para elucidação das matérias objeto desta ação.

Quanto ao valor devido pelo autor, expurgando a capitalização, já foi respondido no Quesito nº 2 do Autor, acima.

Quesitos da Ré às fls. 138 a 141.

2.1. – Queira o Sr. Perito informar qual a diferença entre as naturezas do arrendamento e do financiamento.

Resposta: O arrendamento mercantil é uma operação que tem como garantia o próprio bem, sendo esta modalidade mista de financiamento e venda do bem pelo valor residual, a empresa de arrendamento cede ao arrendatário o uso desse bem pelo tempo determinado em contrato e recebe em troca o aluguel mensal chamado de contraprestação ou prestação e, ao final, pela emissão de uma nota fiscal de venda pelo valor residual, transfere a propriedade do bem ao arrendatário.

Já o financiamento, é o ato de adiantar dinheiro para que o cliente possa adquirir um bem a vista, para o pagamento, ao financiador, pelo prazo contratado, dando em garantia alienação fiduciária do bem.

2.2. – Pode-se afirmar que o arrendamento mercantil, popularmente conhecido como *leasing*, equivale à concessão do direito de uso do bem arrendado por um prazo determinado, mediante o desembolso das contraprestações, como também, corresponde à aquisição do bem arrendamento, em detrimento do desembolso do valor residual garantido?
Resposta: Afirmativo é a resposta, todo contrato de *leasing* deve ter um valor residual que corresponde ao *quantum* o arrendatário pagará para ter a propriedade do bem.

2.3. – É correta a assertiva de que o valor residual garantido (VRG) representa à quantia mínima suficiente para garantir o reembolso dos custos e despesas que o arrendatário incorreu para ofertar o arrendamento, enquanto o valor residual (VR) significa o montante que se pode consegui ofertando o bem no mercado, caso o arrendatário não permaneça com a posse do bem arrendado?
Resposta: O VRG – Valor Residual Garantido deve ter um valor residual que corresponde ao *quantum* o arrendatário pagará para ter a propriedade do bem. O Valor Residual é a emissão de uma nota fiscal de venda pelo valor residual, transfere a propriedade do bem ao ex-arrendatário.

2.4. – As características primordiais do arrendamento celebrado estão demonstradas nos quadros nº 2, 3 e 4, onde entre outras, constam, a identificação dos bens e serviços arrendados, expressos em moeda corrente, bem como os fatores empregados na composição das parcelas periódicas do VRG e contraprestação, que integram as prestações mensais, além do prazo do arrendamento?
Resposta: Conforme fls., 19/20, do Quadro Resumo do Contrato:
2 – BEM(NS) OBJETO DO CONTRATO E VALOR ARRENDAMENTO
 Onde constam as especificações do bem, valor e fornecedor / vendedor do bem.
3 – CONDIÇÕES SOBRE SEGUROS
 Constando as condições do seguro contratado
4 – CONDIÇÕE DE ARRENDAMENTO
 Com as informações do Valor Residual Garantido – VRG e a forma de pagamento, composição das parcelas periódicas de arrendamento e o prazo do arrendamento/condições de pagamento

2.5. – É assertiva a afirmação que o bem arrendado apenas passará a ser de propriedade do arrendatário, após a liquidação da última prestação avençada, que incorpora o valor residual garantido?

24 – Exemplos de Laudos Periciais

Resposta: Afirmativo é a resposta, é quando é feita a emissão da nota fiscal de venda pelo valor residual e transfere a propriedade do bem ao ex-arrendatário.

2.6. – Considerando-se que a natureza da avença é o arrendamento, mostra-se equivocado o emprego do termo "juros remuneratórios" que se refere ao financiamento?
Resposta: Prejudicada a resposta, pois trata-se de Matéria de Direito, não cabe ao Perito opinar sobre o termo empregado.

2.7. – Com base no quesito anterior, o que ocorre no arrendamento mercantil é a atualização dos desembolsos efetuados (fluxos de caixa), trazendo-os a valor presente, aplicando-se a taxa interna de retorno (TIR), contida no fator ou coeficiente do arrendamento?
Resposta: Nas operações de Arrendamento Mercantil *leasing* o que se calcula é o valor de um conjunto de prestações, iguais e consecutivas cujo pagamento somado ao pagamento do VRG quita-se o valor do bem mais os juros.

2.8. – É correta a assertiva de que o conceito de capitalização composta consiste em "juntar juros ao capital e sobre este calcular novos juros", enquanto amortização significa "liquidar uma dívida mediante pagamentos sucessivos e periódicos", portanto, mecanismos de naturezas distintas?
Resposta: O cálculo da capitalização composta, ocorre quando a taxa de juros é capitalizada, transformando em juros compostos, ocorrendo os juros sobre juros. Já amortização é o valor destinado a reduzir o saldo devedor (o capital emprestado).

2.9. – No contrato do arrendamento mercantil objeto da Perícia, inexiste cláusula relativa à previsão de capitalização mensal de juros, bem como cláusula relativa à previsão de remuneração de capital na forma de juros remuneratórios?
Resposta: Este Perito, só encontrou na Cláusula 15 – Atraso de Pagamento, Item I à Comissão de Permanência, às taxas permitidas pelo Banco Central do Brasil, que são juros de remuneração do capital emprestado.

2.10. – O Banco Volkswagen S/A, Requerido, enquadra-se perante o Sistema Financeiro Nacional, como uma Sociedade de Crédito, Financiamento e Investimento, utilizando-se como fonte de captação, recursos advindos das emissões de cédulas de crédito e letras de câmbio. Possuindo tal natureza, ao Banco Central do Brasil (BACEN) é atribuída a competência de regulamentar a emissão de tais títulos?
Resposta: Afirmativo, é o Banco Central o órgão do Governo Federal competente para regulamentar a emissão dos Títulos Cédula de Crédito Bancária e Letras de Câmbio.

2.11. –Com base no quesito anterior, falar em alterações dos fatores ou coeficientes empregados na composição da prestação mensal, que considera o emprego da taxa interna de retorno, equivaleria a intervir no custo da operação do presente arrendamento, visto que os recursos destinados ao arrendamento foram captados no mercado financeiro?

Resposta: Prejudicada a resposta, Matéria de Direito, não cabe ao perito opinar sobre alterações de fatores ou coeficientes empregados na composição da prestação mensal.

2.12. –A parte Requerente efetuou o desembolso das prestações celebradas no arrendamento mercantil objeto da Perícia? Quais prestações foram liquidadas pela parte Requerente? Existem prestações não liquidadas pela parte Requerente?

Resposta: O Autor efetuou algumas prestações, da 1ª(primeira) à 20ª (vigésima) prestação foram pagas pelo Autor e da 21ª(vigésima primeira) à 60ª (sexagésima) constam como não pagas.

2.13. –No arrendamento mercantil objeto da Perícia, existe cláusula relativa à previsão de atrasos nos desembolsos das prestações não liquidadas? Qual é a cláusula com tal previsão e quais são as obrigações previstas na referida cláusula?

Resposta: Cláusula 15 – Atrasos de pagamentos ficaram sujeitos:

I – à Comissão de Permanência, às taxas permitidas pelo Banco Central do Brasil;

II – aos Juros Moratórios de 1% (um por cento) ao mês ou fração;

III – à Multa Contratual de 2% (dois por cento) e

Caso a Arrendadora necessite recorrer aos meios administrativos e judiciais para o recebimento dos valores de responsabilidade da Arrendatária, terá direito ao ressarcimento integral dos gastos comprovadamente incorridos, custas judiciais e, até o limite de 20% (vinte por cento) do valor total devido, os honorários advocatícios.

2.14. – É correta a afirmação de que a comissão de permanência, os juros moratórios e a multa moratória possuem naturezas distintas? Queria esclarecer e distingui-las.

Resposta: Afirmativa é a resposta:

Comissão de Permanência – trata-se de um acréscimo percentual ao valor devido em face do tempo decorrido da data do vencimento à data do efetivo pagamento de um título.

Juros Moratórios – são decorrentes do atraso culposo do devedor ao cumprimento de uma obrigação.
Multa Moratória – é um percentual, que é aplicado sobre a parcela devida, quando o devedor fica inadimplente.

2.15. – De acordo com as cláusulas firmadas entre as partes no arrendamento objeto da Perícia, considerando-se as prestações liquidadas, liquidadas em atraso, não liquidadas e eventuais vincendas, qual é o valor devido pela parte Requerente? Demonstre matematicamente e individualmente a composição do valor devido pela parte Requerente de cada prestação avençada.

Resposta: Para responder ao quesito, este Perito elaborou as Planilhas "PLANILHA COM OS CÁLULOS DAS PRESTAÇÕES PAGAS CONFORME CONTRATO" e "PLANILHA COM OS CÁLULOS DAS PRESTAÇÕES NÃO PAGAS CONFORME CONTRATO – BASE: 24/01/2019", peço a gentileza de reportar-se.

6 – ENCERRAMENTO

Nada mais havendo a oferecer dá-se por concluído o presente LAUDO PERICIAL CONTÁBIL, composto de 13(treze) folhas digitadas por processamento eletrônico de dados, de um só lado, todas seguem assinadas pela minha certificação digital para os devidos fins, e mais 2 (dois) Apêndices, de número I e II, assinados pela minha certificação digital e que integra esta prova pericial.

Rio de Janeiro-RJ, 29 de abril de 2019.

José Henrique Campos
Perito Contador

LAUDO PERICIAL nº 4:

Ao Juízo da 3ª Vara Cível da Comarca de Petrópolis – RJ

Processo nº: XXXXXXX-XX.XXXX.X.XX.XXXX

Autor: XXXXXXXXXXXXXXX

Réu: XXXXXXXXXXXXXX

FERNANDO BORGES DE LIMA, Perito do Juízo nomeado nos autos da ação em epígrafe, tendo concluído o seu LAUDO PERICIAL, vem, respeitosamente, à presença de V. Ex.ª, requerer a juntada do Laudo aos autos a fim de que produza os efeitos de direito, desde já se colocando a disposição para os esclarecimentos que se fizerem necessários.

LAUDO PERICIAL CONTÁBIL

I – CONSIDERAÇÕES INICIAIS

Trata-se de uma Perícia Contábil em procedimento comum, c/c dano moral e outros, proposta por **XXXXXXXXXXXX**, em face de **XXXXXXXXXXXXXXX**.

Ciente dos fatos em discussão, bem como do objetivo pericial, a perícia cotejou toda documentação acostada aos autos, e verificou que esta lide versa sobre a evolução do saldo devedor dos cartões de crédito de bandeiras Visa e Mastercard, inclusive os parcelamentos, operados pelo Réu.

I.1 – DOS PEDIDOS (fls. 20-25):

"5– DOS PEDIDOS Diante do exposto, requer: LIMINARMENTE Presentes os requisitos de periculum in mora e fumus boni júris, tendo em vista a onerosidade do contrato e o superendividamento do Autor, requer:

1. A concessão de liminar, inaudita altera pars, em antecipação dos efeitos da tutela, a fim de que o Réu seja compelido a incluir o nome do autor nos cadastros de restrição ao credito como: SPC, SERASA, SCPC, ou obrigado a retirar o nome do autor caso o tenha inserido, inscrição do CPF n° 003.799.577-44, e se abstenha de inserir, novamente pelo mesmo fato, bem como, se abstenha de levar o referido contrato a protesto. sob pena de multa diária a ser decidida dentro do prudente arbítrio de Vossa Excelência. Sendo posteriormente declarado e confirmado os efeitos por sentença;

2. Que o Autor possa depositar em juízo, o valor de R$250,00 (duzentos e cinquenta reais mensais), a partir de dezembro de 2016, referente ao contrato de sob a denominação "Itaú sob medida",

24 – Exemplos de Laudos Periciais

Bem como, determinar que o Réu se abstenha de descontar mensalmente na conta corrente do autor agência 6141, conta nº 01249, o valor de R$2.933,82 (dois mil novecentos e trinta e três reais e oitenta e dois centavos) referente a parcela do contrato acima descrito, até a realização de perícia técnica a ser efetivada nos autos dessa demanda, que terá o objetivo a apuração do real montante devido pelo autor, e se há de ilegalidade/ vícios ou anatocismos sob o valor cobrado no contrato em tela, tudo para que o Autor possa pagar suas despesas atrasadas os débitos referentes, alimentação, medicamentos dentre outros;

REQUER AINDA:

a) o deferimento dos benefícios da justiça gratuita, nos termos do art. 98 e seguintes do CPC/2015;

b) a designação de audiência prévia de conciliação/mediação, nos termos do art. 319, VII, do CPC/2015;

c) a citação dos requeridos por meio postal, nos termos do art. 246, inciso I, do CPC/2015;

d) A inversão do ônus da prova, por se tratar de uma relação de consumo e por ser a Autor vulnerável e hipossuficiente nesta relação.

e) Seja JULGADO PROCEDENTE o pedido para:

e.1) confirmar os efeitos da antecipação de tutela pretendida nos termos do NCPC e da antecipação da tutela específica (art. 84, § 3º, Código de Defesa do Consumidor).

e.2) emitir preceito declaratório de nulidade de todas cláusulas contratuais eivadas de abusividade, a teor do disposto nos incisos IV, VIII e X do art. 51, do Código de Defesa do Consumidor;

e.3) reconhecida a nulidade da cláusula estipuladora de juros acima do patamar legal, emitindo preceito constitutivo modificativo da relação obrigacional creditícia e critérios de cobrança desde a realização do primeiro contrato até a atualidade, com a fixação do quantum debeatur exigível da demandante ao longo da relação, estabelecido dentro dos parâmetros da legalidade, ou seja, aqueles estabelecidos pelo legislador do novo Código Civil em seu art, 591 c/c art. 406, exatamente aquela fixada pelo pa-

rágrafo primeiro do art. 161 do Código Tributário Nacional, qual seja 1% (um por cento), como expurgo da capitalização dos juros;

   e.4) caso ultrapassada as proposições dos itens e.2 e e.3, não sendo reconhecida a nulidade das cláusulas abusivas, seja reconhecida a lesão enorme, com a taxa média do mercado para remuneração se empréstimo bancário em crédito pessoal, reduzindo o saldo devedor ao patamar com juros reduzidos e parcelas adequadas a renda mensal, tudo para que o autor possa exercer a boa fé em saldar a dívida;

   e.5) emitir preceito declaratório de nulidade do critério de cobrança com a utilização da capitalização dos juros (ANATOCISMO), ao teor da Súmula 121 do STF;

   e.6) emitir preceito condenatório compelindo a Ré na repetição em dobro do indébito, conforme o art. 42, parágrafo único, da Lei nº 8.078/90, pago pelo Demandante durante todo o período indicado, devidamente corrigidos monetariamente, com aplicação de juros moratórios legais de 1% ao mês após a condenação;

   f) A condenação do réu nas custas processuais e honorários advocatícios em sede de recurso;

   g) Que sejam CONFIRMADOS, em sentença definitiva, os efeitos da antecipação de tutela acima requerida, nos termos do NCPC e 84, § 3º, Código de Defesa do Consumidor e, ainda caso não seja deferida liminarmente, que tal pedido seja apreciado na sentença Requer a produção de todas as provas admitidas, na amplitude dos artigos 369 e seguintes do NCPC, em especial a prova documental, pericial, testemunhal e o depoimento pessoal do Réu. ".

I.2.1 – DA CONTESTAÇÃO (fls. 112-130)

- INÉPCIA DA PETIÇÃO INICIAL;
- INCOMPATIBILIDADE DO PEDIDO COM A PRESTAÇÃO JURISDICIONAL VINDICADA;
- RELAÇÃO CONTRATUAL;
- LEGALIDADE DOS JUROS REMUNERATÓRIOS. NÃO ABUSIVIDADE;
- LEGALIDADE DA CAPITALIZAÇÃO DE JUROS;
- LEGALIDADE DOS ENCARGOS MORATÓRIOS;
- DA ALEGAÇÃO DE LESÃO ENORME;

- DA INSUFICIÊNCIA DO DEPÓSITO REALIZADO;
- DÉBITO EM CONTA CORRENTE;
- DO BENEFÍCIO DAS RENEGOCIAÇÕES;
- NÃO CABIMENTO DE REPETIÇÃO DO INDÉBITO;
- AUSÊNCIA DE DANO MORAL;
- NÃO CABIMENTO DA INVERSÃO DO ÔNUS DA PROVA;
- REQUERIMENTOS.

II – DA DETERMINAÇÃO DE PROVA PERICIAL

O presente trabalho foi determinado pelo MM. Juízo através da decisão acostada aos autos às **fls. 473**, quando também nomeou este perito, e determinou o objeto desta perícia contábil:

> *"Retrato-me da decisão de fl. 459 e, certo da alegação da imposição abusiva de encargos em sucessivas renegociações do débito, defiro o pedido do autor e determino a realização de prova pericial contábil. Nomeio perito do juízo Fernando Borges de Lima".*

III – SÍNTESE DOS ELEMENTOS ANALISADOS

As respostas foram todas fundamentadas na documentação juntada aos autos. A Parte Autora apresentou cálculos (fls. 91-94), no período compreendido entre 15/07/2015 e 15/12/2016, e algumas faturas dos cartões de crédito bandeiras Visa e Mastercard. A Parte Ré apresentou o contrato de cartão de crédito (fls. 148-155), e diversas informações de operações financeiras já contratadas pelo Autor, inclusive fora do período da presente lide. A fim de atender o objeto de perícia, foram analisados (as):

- Faturas dos cartões de crédito bandeiras Visa e Mastercard, no período em lide;
- Contrato de cartão de crédito (fls. 148-155);
- Petição inicial do Autor;
- Contestação do Réu.

III.1 METODOLOGIA

Para elaborar este Laudo, de acordo com o objeto da perícia, foram utilizadas as informações constantes dos documentos acostados aos autos processuais. A perícia não localizou determinação do r. Juízo de como efetuar os cálculos pertinentes, e nem modificação dos parâmetros contratuais firmados entre as Partes. A perícia localizou quesitos juntados pelo Réu (fls. 500-502). Não foram localizados quesito do r. Juízo, e nem do Autor.

Os documentos constantes nos autos deste processo foram considerados suficientes para elaborar esta prova pericial, de maneira que foi possível formar a convicção técnica que permitiu responder aos quesitos deferidos pelo r. Juízo, e atender o objeto da perícia.

Para atender o objeto da perícia determinada pelo Juízo (fls. 473), foi necessário examinar as operações dos cartões de crédito bandeiras Visa e Mastercard havidas no período compreendido entre 15/07/2015 e 15/12/2016. Para tal, foi elaborada planilha para apurar a evolução do saldo devedor do Autor, incluindo os pagamentos efetuados, o parcelamento, o consumo ocorrido, e os encargos moratórios debitados.

III.2 Quesitos do Réu (fls. 500-502):

1) Pede-se ao Sr. Perito que identifique o Cartão de Crédito e Contrato(s) firmado(s) de titularidade do Requerente, objetos da presente demanda, bem como o período de movimentação das operações sob análise, bem como o período movimentação.

Resposta:

Cartões de crédito:

- **VISA, número 4590.XXXX.XXXX.4493; e**
- **MASTERCARD, número 5415.XXXX.XXXX.2639.**

Período sob análise deste trabalho: de outubro de 2015, a agosto de 2016.

2) Confirme o Sr. Perito, se o Requerente pagasse integralmente o saldo das faturas mensais nenhum valor a título de encargos, juros, mora, multa, lhe seriam cobrados pelo Requerido.

Resposta: Afirmativa é a resposta. Quando o usuário paga a fatura na data de vencimento pelo valor total, não há encargos.

3) Especifique, o Sr. Perito, a modalidade de referido(s) contrato(s), bem como suas respectivas condições quanto a valor, vencimento, taxas de juros remuneratórios (nominal e efetiva) e encargos moratórios.

Resposta: Os referidos contratos referem-se a cartões de crédito. As demais condições e taxas de juros são variáveis e estão descritas nas respectivas faturas mensais.

4) Informe o Sr. Perito se o Requerente cumpriu as obrigações assumidas junto ao Requerido, referente ao Cartão de Crédito.

24 – Exemplos de Laudos Periciais

Resposta: Quesito de mérito, fora da alçada da perícia contábil.

5) Diga a perícia se, nesse tipo de operação, o Autor teria que ter as faturas em mãos, ou as informações completas sobre as faturas, para que pudesse liquidá-la total ou parcialmente.

Resposta: Quesito de mérito, fora da alçada da perícia contábil.

6) Informe a perícia se o Autor trouxe aos autos essas faturas mensais que agora quer discutir.

Resposta: As faturas sob análise estão nos autos deste processo.

7) Informe o Sr. Perito se constavam das faturas mensais de referidos cartões de crédito as taxas mensais dos encargos praticados pelo Requerido.

Resposta: Afirmativa é a resposta.

8) No tocante aos contratos, os juros foram cobrados de acordo com o pactuado?

Resposta: Quesito de mérito, fora da alçada da perícia contábil.

9) Quais os encargos moratórios pactuados e quais os efetivamente cobrados pelo Requerido?

Resposta: De acordo com o contrato acostado aos autos (fls. 148-155), item 8. Encargos:

> *"8. Encargos*
>
> *a) Sempre que você contratar empréstimo ou financiamento junto ao Emissor, conforme previsto neste Contrato, ou seja, quando você realizar compras parceladas com Encargos, financiar o saldo da Fatura, contratar o parcelamento da Fatura, realizar a Retirada de Recursos, Pagamento de Contas ou contratar crédito pessoal, serão devidos Encargos sobre o valor total do empréstimo ou financiamento. b) Os percentuais dos Encargos aplicáveis serão informados previamente na Fatura ou nos demais meios de comunicação colocados à sua disposição. os percentuais informados em cada fatura têm validade de 30 dias. c) os Encargos devidos serão aplicados diariamente sobre o saldo devedor total do financiamento ou empréstimo, desde a data da contratação até a data de seu pagamento, de forma capitalizada, com base em um fator diário considerando-se um mês de 30 dias. d) Os Encargos aplicados em cada mês deverão ser integralmente pagos na data de vencimento da Fatura. Se os Encargos não forem pagos no vencimento, estes serão incorporados ao seu saldo devedor e comprometerão o seu Limite de Crédito."*

Para maior detalhamento, favor reportar-se aos Apêndices I e II – Evolução do saldo devedor.

10) Qual método de cálculo de juros utilizado pelo Requerido no(s) Contrato(s) discutido(s) na lide? Explique a forma de amortização neste método.

Resposta: A metodologia utilizada no cálculo de juros é a aplicação direta da taxa de juros prevista sobre o saldo financiado.

11) Informe a perícia de que maneira eram feitos os pagamentos das parcelas dos contratos em discussão. O Autor sempre quitou seus débitos nas datas aprazadas?

Resposta: As faturas com o consumo mensal eram enviadas para o Autor, para pagamento no vencimento. De acordo com a análise das faturas, houve meses em que o Autor pagou parcialmente as faturas.

12) Constam dos autos, ou foram fornecidos pelo Requerente, quaisquer documentos (carta, notificação) que representem oposição, ressalva ou restrição às cláusulas do(s) contrato(s) discutido(s)?

Resposta: Não foi localizado pela perícia tal documento.

13) Solicita-se ao Sr. Perito que calcule os débitos do Autor, oriundos da Cartão de Crédito e do(s) contrato(s) que ora se discute(m), estritamente da(s) forma(s) contratada(s), na data do Laudo.

Resposta: Para maior detalhamento, favor reportar-se aos Apêndices I e II – Evolução do saldo devedor.

14) Caso o valor apurado pela perícia, de acordo com os critérios do item anterior, seja diferente do valor informado pelo Autor, esclareça o porquê.

Resposta: As diferenças apuradas nos valores apontados pela perícia decorrem da não incorporação de juros vencidos ao saldo devedor, resultando na capitalização de novos juros no período seguinte. Favor reportar-se ao Apêndice I – Evolução do saldo devedor.

IV – CONCLUSÃO

Por tudo isso já exposto, evoluindo os saldos conforme o avençado entre as Partes, expurgando os juros sobre juros, a perícia conclui que, em relação ao cartão VISA, número 4590.XXXX.XXXX.4493, em 29/08/2016, o saldo devedor da Parte Autora era de R$ 2.376,64, e mais:

- 2 parcelas vincendas de R$ 1.429,63, compostas de principal e juros;

- 20 parcelas de R$ 691,65, compostas de principal e juros;
- 21 parcelas de R$ 301,12, compostas de principal e juros.

Já em relação ao cartão MASTERCARD, número 5415.XXXX.XXXX.2639, em 29/08/2016, o saldo devedor da Parte Autora era de R$ 4.301,42 , e mais:

- 11 parcelas vincendas de R$ 584,21, compostas de principal e juros;
- 20 parcelas de R$ 88,74, compostas de principal e juros;
- 21 parcelas de R$ 33,11, compostas de principal e juros.

Seguem os apêndices que faz parte deste Laudo:

- Apêndice I – Evolução do saldo devedor cartão VISA;
- Apêndice II – Evolução do saldo devedor cartão MASTERCARD.

V – CONSIDERAÇÕES FINAIS

Com as homenagens a esse r. Juízo, e acreditando serem úteis e suficientes as respostas oferecidas, dou por encerrado o presente Laudo em 7 (sete) folhas digitadas de um só lado e um apêndice, estando à disposição de Vossa Excelência e das Partes envolvidas para quaisquer esclarecimentos, casos estes se façam necessários.

Termos em que, pede deferimento.

Rio de Janeiro, 02 de setembro de 2019.

LAUDO PERICIAL nº 5:

Exmo. Dr. Juiz de Direito da 3ª Vara Cível da Comarca de Duque de Caxias

Processo nº XXXXXXX-XX.XXXX.X.XX.XXXX
Ação: Embargos à Execução
Autor(a): XXXXXXXXXXXX
Ré(u): XXXXXXXXXXXXX

JOSÉ LUIZ DE OLIVEIRA ALVES, PERITO-CONTADOR desse insigne Juízo nos autos em epígrafe, tendo concluído a perícia que lhe foi determinada, vem mui respeitosamente requerer que V.Exa. se digne mandar:

1) enviar ofício ao Ilmo. Sr. Chefe do Serviço de Perícias Judiciais do nosso Tribunal de Justiça – SEJUD, objetivando o **PAGAMENTO DA AJUDA DE CUSTO** de que trata a Resolução CM Nº 3/2011 e,

2) **ACOSTAR O CORRESPONDENTE LAUDO** em apenso aos autos em questão.

Outrossim, no caso de sucumbência do réu ou de acordo entre as partes, ressalvar a **EXECUÇÃO INCIDENTAL** nesta demanda.

Termos em que
Pede deferimento e juntada
Rio de Janeiro, 01 de Fevereiro de 2018.

José Luiz de Oliveira Alves
Perito do Juízo

Processo nº XXXXXXX-XX.XXXX.X.XX.XXXX
Ação: Embargos à Execução
Autor(a): XXXXXXXXXXXXX
Ré(u): XXXXXXXXXXXXXX

I.   **Introito**

Trata-se execução por título executivo extrajudicial nos autos de processo nº **XXXXXXX-XX.XXXX.X.XX.XXXX**, em apenso, embasada em contrato de financiamento ao consumidor final, onde cobra as mensalidades não pagas, com uma taxa de juro de 2,89% a.m. mais mora de 1% a.m.

II. Quesitos

— O perito do juízo passa a responder os quesitos formulados pelas partes.

II.a Quesitos do Autor

— Não os formulou.

II.b Quesitos do Réu

— Não os formulou.

III. Outros Exames – Art. 473 §§ 2º e 3º do CPC

III.a) O(a) autor(a) alega:

III.a$_1$) que, cinge-se a defesa no ponto de que a correção do débito utilizada pela instituição financeira é ilegal, em perfeito confronto ao entendimento pretoriano do STJ.;

Comentários

Não cabe a perito contador adentrar o mundo jurídico.

III.a$_2$) que, segundo planilha de fls. 30, a embargada adotou a taxa de juros remuneratórios de 2,89% a.m. e juros moratórios de 1,0% a.m.;

Comentários

Conforme cláusula 11 do contrato, que o executado/embargante reproduz à fl. 03, o exequente/embargado está cobrando comissão de permanência limitada à taxa contratada (2,89% ao mês) e juros moratórios de 1,00% a.m., ambos sobre as prestações inadimplidas, sendo certo que os juros moratórios incidem sobre os valores mensais da comissão de permanência, tudo conforme demonstrado na planilha adiante.

Cabe citar que, para atingir o valor da prestação mensal contratada, no importe de R$ 513,00, o perito do juízo não identificou a despesa de R$ 780,01 no contrato, sem a qual, a taxa aplicada para ter-se o valor da prestação mensal de R$ 513,00 seria de 3,37% ao mês.

Contrato nº 860000018650	Data	27/04/06
Prazo		36
Valor Financiado		10.000,00
Taxa de Abertura de Crédito		450,00
IOC		153,99
Valor não Identificado no Contrato		780,01
Valor do Empréstimo + outras despesas		11.384,00
Taxa Mensal Contratada		2,89%
Valor Fixo da Parcela		513,00
Valor Total Devido no Vencimento		18.468,00

Confirmação do Valor Fixo da Parcela

Parcela	Vencto.	Sdo Devedor	Juros %	Juros Vlr	Amortiz.	Parc Mensal	Dias Atraso	Com. Perm. 2.89% a.m.	Juros Mora 1%	Total
00	-	11.384,00	-	-	-	-	-	-	-	-
01	27/05/06	11.200,13	2,89%	329,13	183,87	513,00	-	-	-	-
02	27/06/06	11.010,95	2,89%	323,82	189,18	513,00	-	-	-	-
03	27/07/06	10.816,30	2,89%	318,35	194,65	513,00	-	-	-	-
04	27/08/06	10.616,02	2,89%	312,72	200,28	513,00	-	-	-	-
05	27/09/06	10.409,95	2,89%	306,93	206,07	513,00	-	-	-	-
06	27/10/06	10.197,92	2,89%	300,97	212,03	513,00	-	-	-	-
07	27/11/06	9.979,77	2,89%	294,84	218,16	513,00	-	-	-	-
08	27/12/06	9.755,30	2,89%	288,53	224,47	513,00	-	-	-	-
09	27/01/07	9.524,35	2,89%	282,05	230,95	513,00	-	-	-	-
10	27/02/07	9.286,72	2,89%	275,37	237,63	513,00	-	-	-	-
11	27/03/07	9.042,21	2,89%	268,50	244,50	513,00	-	-	-	-
12	27/04/07	8.790,64	2,89%	261,43	251,57	513,00	-	-	-	-
13	27/05/07	8.531,80	2,89%	254,15	258,85	513,00	710	350,87	204,45	1.068,33
14	27/06/07	8.265,47	2,89%	246,67	266,33	513,00	679	335,56	192,06	1.040,61
15	27/07/07	7.991,44	2,89%	238,97	274,03	513,00	649	320,73	180,36	1.014,09
16	27/08/07	7.709,49	2,89%	231,05	281,95	513,00	618	305,41	168,59	987,00
17	27/09/07	7.419,38	2,89%	222,90	290,10	513,00	587	290,09	157,14	960,23
18	27/10/07	7.120,89	2,89%	214,51	298,49	513,00	557	275,26	146,35	934,62
19	27/11/07	6.813,77	2,89%	205,88	307,12	513,00	526	259,94	135,52	908,47
20	27/12/07	6.497,77	2,89%	197,00	316,00	513,00	496	245,12	125,34	883,46
21	27/01/08	6.172,63	2,89%	187,86	325,14	513,00	465	229,80	115,13	857,93
22	27/02/08	5.838,10	2,89%	178,46	334,54	513,00	434	214,48	105,24	832,72
23	27/03/08	5.493,89	2,89%	168,79	344,21	513,00	405	200,15	96,27	809,42
24	27/04/08	5.139,73	2,89%	158,84	354,16	513,00	374	184,83	87,00	784,82
25	27/05/08	4.775,33	2,89%	148,60	364,40	513,00	344	170,00	78,32	761,32
26	27/06/08	4.400,39	2,89%	138,06	374,94	513,00	313	154,68	69,66	737,34
27	27/07/08	4.014,62	2,89%	127,22	385,78	513,00	283	139,86	61,59	714,44
28	27/08/08	3.617,69	2,89%	116,07	396,93	513,00	252	124,54	53,55	691,09

24 – Exemplos de Laudos Periciais

Parcela	Vencto.	Sdo Devedor	Juros %	Juros Vlr	Amortiz.	Parc Mensal	Dias Atraso	Com. Perm. 2,89% a.m.	Juros Mora 1%	Total
29	27/09/08	3.209,28	2,89%	104,59	408,41	513,00	221	109,22	45,84	668,05
30	27/10/08	2.789,07	2,89%	92,79	420,21	513,00	191	94,39	38,67	646,06
31	27/11/08	2.356,71	2,89%	80,64	432,36	513,00	160	79,07	31,58	623,65
32	27/12/08	1.911,84	2,89%	68,14	444,86	513,00	130	64,24	25,01	602,26
33	27/01/09	1.454,12	2,89%	55,28	457,72	513,00	99	48,92	18,54	580,47
34	27/02/09	983,16	2,89%	42,04	470,96	513,00	68	33,60	12,39	558,99
35	27/03/09	498,58	2,89%	28,43	484,57	513,00	40	19,77	7,10	539,87
36	27/04/09	0,00	2,89%	14,42	498,58	513,00	9	4,45	1,55	519,00
		Subtotal		7.084,00	11.384,00	18.468,00	-	4.254,98	2.157,27	18.724,25

(-) Amortizações

31/01/08			1.182,58	461	525,18	262,43	1.970,19
03/03/08			497,79	429	205,72	100,60	804,11
31/03/08			496,75	401	191,89	92,05	780,69
30/04/08			495,69	371	177,16	83,21	756,06
		Subtotal					4.311,05

Total	14.413,20
Multa de 2%	288,26
Total do débito	14.701,46

IV. Conclusão

Considerando o que foi dado a analisar, face os fatos apresentados pelas partes e o objeto da perícia definido pelo executado/embargante à fl. 27V, imediatamente abaixo transcrito, o perito do juízo constatou e o seguinte:

> "Caso entenda necessário, requer a produção de prova pericial para apurar o valor do crédito na data da inicial, expurgando-se os índices indevidos."

IV.a) Preliminarmente, com a devida vênia, nota-se que para expurgar os índices indevidos, há necessidade que S. Exa., a perita dos peritos, indique qual é a ilegalidade com base na constatação abaixo;

IV.b) Na planilha apresentada no subitem III.a_2 deste laudo, o perito do juízo constatou que o exequente/embargado está cobrando comissão de permanência limitada à taxa contratada (2,89% ao mês) e juros moratórios de 1,00% a.m., ambos sobre as prestações inadimplidas, sendo certo que os juros moratórios incidem sobre os valores mensais da comissão de permanência e, ainda, que para atingir o valor da prestação mensal contratada, no importe de R$513,00, o perito do juízo não identificou a despesa de R$780,01 no contrato, sem a qual, a taxa aplicada para ter-se o valor da prestação mensal de R$513,00 seria de 3,37% ao mês.

V. Termo de Encerramento

O perito do juízo dá por concluído o presente laudo informando a V.Exa. que continua à disposição desse MM Juízo para quaisquer esclarecimentos que se fizerem necessários, bem como para cumprir o que for determinado.

É o laudo.

Rio de Janeiro, 01 de Fevereiro de 2018.

José Luiz de Oliveira Alves
Perito do Juízo

Exmo. Dr. Juiz de Direito da 3ª Vara Cível da Comarca de Duque de Caxias

Processo nº XXXXXXX-XX.XXXX.X.XX.XXXX
Ação: Embargos à Execução
Autor(a): XXXXXXXXXXXX
Ré(u): XXXXXXXXXXXXX

JOSÉ LUIZ DE OLIVEIRA ALVES, PERITO-CONTADOR desse insigne Juízo nos autos em epígrafe, tendo concluído a perícia que lhe foi determinada, vem mui respeitosamente requerer que V.Exa. se digne mandar **ACOSTAR O CORRESPONDENTE LAUDO** em apenso aos autos em questão.

Termos em que
Pede juntada
Rio de Janeiro, 10 de Fevereiro de 2020.

José Luiz de Oliveira Alves
Perito do Juízo

24 – Exemplos de Laudos Periciais

LAUDO PERICIAL nº 6:

Processo nº XXXXXXX-XX.XXXX.X.XX.XXXX
Ação: Embargos à Execução
Autor(a): XXXXXXXXXXXX
Ré(u): XXXXXXXXXXXXX

I. Introito

Trata-se liquidação da r. sentença destes autos de Embargos à Execução, com origem no r. dispositivo fls. 63/64, transitada em julgado em 09/05/19, fl. 65, no qual ficou determinada "a exclusão da comissão de permanência e também do débito de R$780,00 com a consolidação do saldo devedor do embargante ao final", bem como a condenação do embargado ao pagamento das custas processuais e ao pagamento de honorários advocatícios em favor do embargante fixados em 10% do valor da quantia que será decotada do débito originário, devendo a correção monetária, no que deve incidir, ser realizada em conformidade com a tabela da CGJ/RJ.

II. Critérios Metodológicos

II.a) Abaixo transcrita de fl. 17, a planilha dos autos de busca e apreensão nº 0057742-37.2008.8.19.0021, convertida em UFIR-RJ, com vistas à consolidação do saldo devedor do embargante.

Demonstrativo de Débito

Parcela	Vencimento	Valor no Vencimento	Juros a.m. 2,89%	Juros de Mora 1% a.m.	Valor em 06/11/2008	UFIR-RJ
A	B	C	D	E	F	G
13	27/05/07	513,00	261,43	136,56	910,98	520,71
14	27/06/07	513,00	246,11	126,01	885,12	505,93
15	27/07/07	513,00	231,28	116,11	860,39	491,79
16	27/08/07	513,00	215,96	106,19	835,15	477,36
17	27/09/07	513,00	200,64	96,58	810,22	463,12
18	27/10/07	513,00	185,82	87,58	786,40	449,50
19	27/11/07	513,00	170,50	78,60	762,10	435,61
20	27/12/07	513,00	155,67	70,21	738,88	422,34
21	27/01/08	513,00	140,35	61,85	715,20	391,72
22	27/02/08	513,00	125,03	53,81	691,84	378,92
23	27/03/08	513,00	110,70	46,57	670,27	367,11
24	27/04/08	513,00	95,38	39,14	647,52	354,65

Parcela	Vencimento	Valor no Vencimento	Juros a.m. 2,89%	Juros de Mora 1% a.m.	Valor em 06/11/2008	UFIR-RJ
25	27/05/08	513,00	80,55	32,25	625,80	342,75
26	27/06/08	513,00	65,23	25,44	603,68	330,64
27	27/07/08	513,00	50,41	19,16	582,56	319,07
28	27/08/08	513,00	35,09	12,97	561,06	307,30
29	27/09/08	513,00	19,77	7,10	539,87	295,69
30	27/10/08	513,00	4,94	1,73	519,67	284,63
31 ATÉ 36	06/11/08	2.813,12			2.813,12	1.540,76
		SUBTOTAL			15.559,82	8.679,60

AMORTIZAÇÕES						
1	31/01/2008	1.182,58	318,98	140,15	1.641,71	899,17
2	03/03/2008	497,79	118,93	50,98	667,70	365,70
3	31/03/2008	496,75	105,28	44,15	646,18	353,92
4	30/04/2008	495,69	90,73	37,14	623,56	341,53
		SUBTOTAL			3.579,14	1.960,31

DÉBITO	11.980,68	6.719,29
MULTA 2%	239,61	134,39
TOTAL DE DÉBITO	12.220,29	6.853,68

II.b) Abaixo transcrita de fls. 53/54, a planilha do laudo pericial onde se nota o valor de R$780,01 não identificado no contrato, com vistas a demonstrar a formação do valor da parcela cobrada a maior, cabendo citar que a r. sentença transitada em julgado apresenta o valor de R$780,00 utilizado pelo perito para cumprir o r. julgado.

Contrato nº 860000018650		Data	27/04/06
Prazo			36
Valor Financiado			10.000,00
Taxa de Abertura de Crédito			450,00
IOC			153,99
Valor não Identificado no Contrato			**780,01**
Valor do Empréstimo + outras despesas			11.384,00
Taxa Mensal Contratada			2,89%
Valor Fixo da Parcela			513,00
Valor Total Devido no Vencimento			18.468,00
Confirmação do Valor Fixo da Parcela			

24 – Exemplos de Laudos Periciais

Parcela	Vencto.	Sdo Devedor	Juros %	Juros Vlr	Amortiz.	Parc Mensal
00	-	11.384,00	-	-	-	-
01	27/05/06	11.200,13	2,89%	329,13	183,87	513,00
02	27/06/06	11.010,95	2,89%	323,82	189,18	513,00
03	27/07/06	10.816,30	2,89%	318,35	194,65	513,00
04	27/08/06	10.616,02	2,89%	312,72	200,28	513,00
05	27/09/06	10.409,95	2,89%	306,93	206,07	513,00
06	27/10/06	10.197,92	2,89%	300,97	212,03	513,00
07	27/11/06	9.979,77	2,89%	294,84	218,16	513,00
08	27/12/06	9.755,30	2,89%	288,53	224,47	513,00
09	27/01/07	9.524,35	2,89%	282,05	230,95	513,00
10	27/02/07	9.286,72	2,89%	275,37	237,63	513,00
11	27/03/07	9.042,21	2,89%	268,50	244,50	513,00
12	27/04/07	8.790,64	2,89%	261,43	251,57	513,00
13	27/05/07	8.531,80	2,89%	254,15	258,85	513,00
14	27/06/07	8.265,47	2,89%	246,67	266,33	513,00
15	27/07/07	7.991,44	2,89%	238,97	274,03	513,00
16	27/08/07	7.709,49	2,89%	231,05	281,95	513,00
17	27/09/07	7.419,38	2,89%	222,90	290,10	513,00
18	27/10/07	7.120,89	2,89%	214,51	298,49	513,00
19	27/11/07	6.813,77	2,89%	205,88	307,12	513,00
20	27/12/07	6.497,77	2,89%	197,00	316,00	513,00
21	27/01/08	6.172,63	2,89%	187,86	325,14	513,00
22	27/02/08	5.838,10	2,89%	178,46	334,54	513,00
23	27/03/08	5.493,89	2,89%	168,79	344,21	513,00
24	27/04/08	5.139,73	2,89%	158,84	354,16	513,00
25	27/05/08	4.775,33	2,89%	148,60	364,40	513,00
26	27/06/08	4.400,39	2,89%	138,06	374,94	513,00
27	27/07/08	4.014,62	2,89%	127,22	385,78	513,00
28	27/08/08	3.617,69	2,89%	116,07	396,93	513,00
29	27/09/08	3.209,28	2,89%	104,59	408,41	513,00
30	27/10/08	2.789,07	2,89%	92,79	420,21	513,00
31	27/11/08	2.356,71	2,89%	80,64	432,36	513,00
32	27/12/08	1.911,84	2,89%	68,14	444,86	513,00
33	27/01/09	1.454,12	2,89%	55,28	457,72	513,00
34	27/02/09	983,16	2,89%	42,04	470,96	513,00
35	27/03/09	498,58	2,89%	28,43	484,57	513,00
36	27/04/09	0,00	2,89%	14,42	498,58	513,00
	Subtotal			7.084,00	11.384,00	18.468,00

Manual da Perícia Financeira

II.c) Abaixo, planilha refeita com a exclusão do débito de R$780,00, donde se extrai que o valor da prestação mensal sofre a redução de R$513,00 para R$477,85.

Contrato nº 860000018650	Data 27/04/06
Prazo	36
Valor Financiado	10.000,00
Taxa de Abertura de Crédito	450,00
IOC	153,99
Valor não Identificado no Contrato – Exclusão do débito de R$780,00	**0,01**
Valor do Empréstimo + outras despesas	10.604,00
Taxa Mensal Contratada	2,89%
Valor Fixo da Parcela	477,85
Valor Total Devido no Vencimento	17.202,62

Confirmação do Valor Fixo da Parcela

Parcela	Vencto.	Sdo Devedor	Juros %	Juros Vlr	Amortiz.	Parc Mensal
00	-	10.604,00	–	–	–	–
01	27/05/06	10.432,73	2,89%	306,58	171,27	477,85
02	27/06/06	10.256,51	2,89%	301,63	176,22	477,85
03	27/07/06	10.075,20	2,89%	296,54	181,31	477,85
04	27/08/06	9.888,64	2,89%	291,29	186,56	477,85
05	27/09/06	9.696,69	2,89%	285,90	191,95	477,85
06	27/10/06	9.499,19	2,89%	280,35	197,50	477,85
07	27/11/06	9.295,98	2,89%	274,64	203,21	477,85
08	27/12/06	9.086,90	2,89%	268,77	209,09	477,85
09	27/01/07	8.871,77	2,89%	262,72	215,13	477,85
10	27/02/07	8.650,42	2,89%	256,50	221,35	477,85
11	27/03/07	8.422,67	2,89%	250,10	227,75	477,85
12	27/04/07	8.188,33	2,89%	243,52	234,33	477,85
13	27/05/07	7.947,22	2,89%	236,74	241,11	477,85
14	27/06/07	7.699,14	2,89%	229,77	248,08	477,85
15	27/07/07	7.443,89	2,89%	222,60	255,25	477,85
16	27/08/07	7.181,25	2,89%	215,22	262,63	477,85
17	27/09/07	6.911,03	2,89%	207,62	270,23	477,85
18	27/10/07	6.632,99	2,89%	199,81	278,04	477,85
19	27/11/07	6.346,91	2,89%	191,77	286,08	477,85
20	27/12/07	6.052,56	2,89%	183,50	294,35	477,85
21	27/01/08	5.749,70	2,89%	174,99	302,86	477,85
22	27/02/08	5.438,09	2,89%	166,24	311,62	477,85
23	27/03/08	5.117,46	2,89%	157,23	320,62	477,85
Parcela	Vencto.	Sdo Devedor	Juros %	Juros Vlr	Amortiz.	Parc Mensal
24	27/04/08	4.787,57	2,89%	147,96	329,89	477,85

24 – Exemplos de Laudos Periciais

Parcela	Vencto.	Sdo Devedor	Juros %	Juros Vlr	Amortiz.	Parc Mensal
25	27/05/08	4.448,14	2,89%	138,42	339,43	477,85
26	27/06/08	4.098,89	2,89%	128,60	349,25	477,85
27	27/07/08	3.739,55	2,89%	118,51	359,34	477,85
28	27/08/08	3.369,81	2,89%	108,12	369,73	477,85
29	27/09/08	2.989,39	2,89%	97,43	380,42	477,85
30	27/10/08	2.597,97	2,89%	86,43	391,42	477,85
31	27/11/08	2.195,23	2,89%	75,11	402,74	477,85
32	27/12/08	1.780,85	2,89%	63,47	414,38	477,85
33	27/01/09	1.354,49	2,89%	51,49	426,36	477,85
34	27/02/09	915,80	2,89%	39,16	438,69	477,85
35	27/03/09	464,42	2,89%	26,48	451,37	477,85
36	27/04/09	0,00	2,89%	13,43	464,42	477,85
Subtotal				6.598,62	10.604,00	17.202,62

II.d) Abaixo, em UFIR-RJ, as diferenças geradas nas parcelas pagas com a retirada de parte dos R$780,00.

Diferenças geradas nas parcelas pagas – Retirada dos R$780,00

Parcela	Vencto.	Parc Mensal Cobrada	Parc Mensal Recalculada	Diferença	Q. UFIR
00	-	–	–	–	–
01	27/05/06	513,00	477,85	35,15	20,69
02	27/06/06	513,00	477,85	35,15	20,69
03	27/07/06	513,00	477,85	35,15	20,69
04	27/08/06	513,00	477,85	35,15	20,69
05	27/09/06	513,00	477,85	35,15	20,69
06	27/10/06	513,00	477,85	35,15	20,69
07	27/11/06	513,00	477,85	35,15	20,69
08	27/12/06	513,00	477,85	35,15	20,69
09	27/01/07	513,00	477,85	35,15	20,09
10	27/02/07	513,00	477,85	35,15	20,09
11	27/03/07	513,00	477,85	35,15	20,09
12	27/04/07	513,00	477,85	35,15	20,09
Total	-	6.156,00	5.734,20	421,80	245,88

II.e) Abaixo, em UFIR-RJ, o reflexo no saldo devedor do embargante com a retirada das diferenças geradas nas parcelas inadimplidas relativas à comissão de permanência e da segunda e última parte dos R$780,00.

Demonstrativo de Débito

Parcela	Vencimento	Valor no Vencimento	Dias de Atraso	Juros de Mora 1% a.m.	Valor em 06/11/2008	UFIR-RJ
A	B	C	D	E	F	G
13	27/05/07	R$477,85	519	R$ 82,67	R$ 560,52	320,39
14	27/06/07	R$477,85	489	R$ 77,89	R$ 555,74	317,66
15	27/07/07	R$477,85	459	R$ 73,11	R$ 550,96	314,92
16	27/08/07	R$477,85	429	R$ 68,33	R$ 546,18	312,19
Parcela	Vencimento	Valor no Vencimento	Dias de Atraso	Juros de Mora 1% a.m.	Valor em 06/11/2008	UFIR-RJ
17	27/09/07	R$477,85	399	R$ 63,55	R$ 541,40	309,46
18	27/10/07	R$477,85	369	R$ 58,78	R$ 536,63	306,73
19	27/11/07	R$477,85	339	R$ 54,00	R$ 531,85	304,00
20	27/12/07	R$477,85	309	R$ 49,22	R$ 527,07	301,27
21	27/01/08	R$477,85	279	R$ 44,44	R$ 522,29	286,06
22	27/02/08	R$477,85	249	R$ 39,66	R$ 517,51	283,44
23	27/03/08	R$477,85	219	R$ 34,88	R$ 512,73	280,83
24	27/04/08	R$477,85	189	R$ 30,10	R$ 507,95	278,21
25	27/05/08	R$477,85	159	R$ 25,33	R$ 503,18	275,59
26	27/06/08	R$477,85	129	R$ 20,55	R$ 498,40	272,97
27	27/07/08	R$477,85	99	R$ 15,77	R$ 493,62	270,36
28	27/08/08	R$477,85	69	R$ 10,99	R$ 488,84	267,74
29	27/09/08	R$477,85	39	R$ 6,21	R$ 484,06	265,12
30	27/10/08	R$477,85	9	R$ 1,43	R$ 479,28	262,51
31 ATÉ 36	06/11/08	R$ 2.597,97			R$2.597,97	1.422,92
SUBTOTAL					11.956,17	6.652,36

AMORTIZAÇÕES						
1	31/01/2008	R$ 1.182,58	276	R$ 108,80	R$1.291,38	707,30
2	03/03/2008	R$497,79	243	R$ 40,32	R$ 538,11	294,73
3	31/03/2008	R$496,75	216	R$ 35,77	R$ 532,52	291,66
4	30/04/2008	R$495,69	186	R$ 30,73	R$ 526,42	288,32
SUBTOTAL					R$2.888,43	1.582,01

DIFERENÇA PAGA A MAIOR – RETIRADA DE PARTE DOS R$780,00		
	R$ 421,80	245,88

24 – Exemplos de Laudos Periciais

DÉBITO	R$8.645,94	4.824,47
MULTA 2%	R$ 172,92	96,49
TOTAL DE DÉBITO	R$8.818,86	4.920,96

II.f) Face à gratuidade de justiça deferida ao embargante/executado, não há qualquer valor pago por ele a título de custas, ou seja, este laudo não apresenta atualização monetária de valores de custas a ressarcir.

II.g) Abaixo, em UFIR-RJ, o quadro resumo que apresenta a consolidação do saldo devedor do embargante ao final, bem como o valor dos honorários advocatícios de 10% (dez por cento) sobre o valor da diferença decotada, com posição em 10/02/2020.

QUADRO RESUMO

DESCRIÇÃO	Q. UFIR-RJ	Vlr. UFIR-RJ	R$
Valor cobrado – Fl. 17 – proc. 0057742-37.2008.8.19.0021, apenso	6.853,68	3,555	
Valor devido conforme r. sentença	4.920,96	3,555	
Diferença	1.932,72	–	6.870,82
Honorários – 10% s/diferença	193,27	–	687,08

III. Conclusão

Considerando a r. sentença de fls. 61/64, transitada em julgado, fl. 65, que motivou as diferenças apuradas neste laudo; em 10 de fevereiro de 2020, o Sr. XXXXXXXXXX, embargante/executado, deve ao XXXXXXXXXXXXXXXXXXX a importância de R$17.494,01 (dezessete mil, quatrocentos e noventa e quatro reais e um centavo) e, o XXXXXXXXXXXXXXXXXXXX deve ao embargante/executado, a título de honorários advocatícios, a quantia de R$687,08 (seiscentos e oitenta e sete reais e oitocentavos), 10% sobre a diferença decotada; quanto às custas não há valores pagos pelo embargante/executado nem nestes embargos nem na execução, processo nº XXXXXXX-XX.XXXX.X.XX.XXXX.

IV. Termo de Encerramento

O perito do juízo dá por concluído o presente laudo informando a V.Exa. que continua à disposição desse MM Juízo para quaisquer esclarecimentos que se fizerem necessários, bem como para cumprir o que for determinado.

É o laudo.

Rio de Janeiro, 10 de Fevereiro de 2020.

José Luiz de Oliveira Alves
Perito do Juízo

LAUDO PERICIAL nº 7:

EXCELENTÍSSIMO SR DOUTOR JUIZ DA 1ª VARA CÍVEL REGIONAL DA REGIÃO OCEÂNICA – PENDOTIBA – NITERÓI – ESTADO DO RIO DE JANEIRO

Processo nº: XXXXXXX-YY.XXXX.X.XX.XXXX

Ação: EMBARGOS À EXECUÇÃO POR TÍTULO EXTRAJUDICIAL OU EMBARGOS À EXECUÇÃO CONTRA A FAZENDA PÚBLICA – CÉDULA DE CRÉDITO BANCÁRIO C/C ANTECIPAÇÃO DE TUTELA E/OU OBRIGAÇÃO DE FAZER OU NÃO FAZER OU DAR

Embargantes: 1234 XXXX CALÇADOS LTDA.

MARCELO DE KKKKKK

RICARDO YYYYYYY

Embargado: BANCO XYZ S/A

José Henrique Campos, Perito Contábil, nomeado por essa Senhor Doutor Juiz, às fls. 170 e devidamente compromissado nos autos do processo acima referenciado, tendo realizado as diligências necessárias, vem oferecer o resultado de suas conclusões através do presente,

LAUDO PERICIAL CONTÁBIL

Rio de Janeiro-RJ, 30 de outubro de 2018.

José Henrique Campos
Perito Contador

LAUDO PERICIAL CONTÁBIL

APRESENTAÇÃO

1. IDENTIFICAÇÃO PROCESSUAL

2. INTRODUÇÃO

3. CONCLUSÃO

4. METODOLOGIA

5. RESPOSTAS AOS QUESITOS FORMULADOS

6. ENCERRAMENTO

1. IDENTIFICAÇÃO PROCESSUAL

JUÍZO DE DIREITO — 1ª VARA CÍVEL REGIONAL DA REGIÃO OCEÂNICA — PENDOTIBA — NITERÓI — ESTADO DO RIO DE JANEIRO

NÚMERO — XXXXXXX-XX.XXXX.X.XX.XXXX

NATUREZA — AÇÃO

AÇÃO – EMBARGOS À EXECUÇÃO POR TÍTULO EXTRAJUDICIAL OU EMBARGOS À EXECUÇÃO CONTRA A FAZENDA PÚBLICA – CÉDULA DE CRÉDITO BANCÁRIO C/C ANTECIPAÇÃO DE TUTELA E/OU OBRIGAÇÃO DE FAZER OU NÃO FAZER

PARTES: EMBARGANTES – 1234 XXXX CALÇADOS LTDA.

MARCELO DE KKKKKK

RICARDO YYYYYY

EMBARGADO – BANCO XYZ S/A

2. INTRODUÇÃO

2.1 OBJETIVO

O presente LAUDO tem por objetivo, o exame, análise e recomposição do contrato 11406-916100015426 na modalidade Cédula de Credito Bancário – Abertura de Crédito em Conta Corrente de Depósito (Caixa Reserva – Pré – Recebíveis de Cartão), pactuado entre as partes constante da presente lide nas folhas 19 a 26(Processo de Execução 0XXX-HH.2014.8.19.0212) com a verificação da regularidade da cobrança de Comissão de Permanência, bem como para verificação da devida aplicação da taxa de juros prevista em contrato, conforme r. Decisão às fls. 289/291 e responder os quesitos constante nas folhas 98 a 100(Processo de Embargos 001XXXX--YY.2014.8.19.0212)

2.2 HISTÓRICO

Em sua inicial com data de 28 de fevereiro de 2014, o Embargado BANCO XYZ S/A entrou com uma ação de Execução Por Quantia Certa Contra Devedor Solvente, pelo não cumprimento do contrato pactuado entres as partes, que o Embargante deixou de pagar o saldo decorrente das liberações de recursos, do limite de crédito, gerando um saldo devedor em 28 de fevereiro de 2014 no valor de R$ 246.039,82 (duzentos e quarenta e seis mil e trinta e nove reais e oitenta e dois centavos). Requerendo a Citação dos Executados para que no prazo de três dias, pague o total de-

24 – Exemplos de Laudos Periciais

vido com correção do IGPM e juros de 12% a.a., a partir da data do saldo, 28 de fevereiro de 2014 até a data do efetivo pagamento, além de multa, das custas e despesas processuais e honorárias advocatícias. Requerendo ainda:

a) *Caso não seja efetuada a constrição, a intimação dos Executados, pessoalmente ou por advogado, para indicarem bens passiveis de penhora (art.652, §§ 3º e 4º, do CPC);*
b) *Caso os Executados não sejam localizados para intimação da penhora, seja determinado ao Sr. Oficial de Justiça que certifique detalhadamente as diligências, para o fim previsto no art. 652, § 5º, do CPC;*
c) *As prerrogativas do artigo 172 e seus parágrafos do Código de Processo Civil, para as diligências necessárias dos senhores Oficiais de Justiça, bem como protesta provar, se necessário, o alegado pelos meios cabíveis."*

Em 17 de junho de 2014, os Embargantes, – 1234 XXXX CALÇADOS LTDA., MARCELO DE KKKKKK e RICARDO YYYYYY entraram com Embargos à Execução. Alegando o excesso de encargos contratuais, não acobertados pela Legislação, o Embargante não conseguiu honrar os seus pagamentos contratados, e após alguns meses, com o aumento do saldo devedor tentou um acordo amigável, com o Embargado, não tendo êxito. Requerendo:

a) *Liminarmente, deferir a gratuidade de justiça na forma pretendida, face sua impossibilidade de custeio dos custos processuais, ou possibilitar os pagamentos de todos e quaisquer emolumentos judiciais ao final da demanda:*
b) *Ainda liminarmente, Conceder, sem prejuízo do requerimento acima efetuado em tutela antecipada, efeito suspensivo a presente Ação Incidental de Embargos à Execução;*
c) *Determinar a intimação da Embargada, por seu patrono regularmente constituído nos autos da Execução, para, no prazo de 15(quinze dias), querendo, vir impugnar a presente Ação Incidental (CPC, art. 740);*
d) *Ao final, julgar **PROCEDENTES** os pedidos formulados na presente Ação Incidental de Embargos à Execução, nos termos do quanto pleito, qual seja, considerar como débito existente o valor de R$ 98.020,11, para maio de 2014, considerando os aspectos abordados na presente ação e principalmente no exame técnico, cujos*

laudos do exame técnico restará acostado no prazo de 30 dias (o que ora se requer), considerando-a ao pagamento do ônus de sucumbência, definindo mais que:

(1) excluir do encargo mensal os juros capitalizados, para cobrança durante o período de normalidade contratual;

(2) reduzir os juros remuneratórios a taxa mensal de 12% (doze por cento) ao mês ou, como pedido sucessivo(CPC, art. 289), a taxa média do mercado;

(3) sejam afastados do débito juros moratórios, correção monetária e multa contratual, em face da ausência de inadimplência e, mais, tendo em vista a cobrança de comissão de permanência;

(4) que a Embargada seja condenada, por definitivo, a não inserir o nome dos Embargantes junto aos órgãos de restrições, bem como a não promover informações à Central de Risco do BACEN, sob pena de pagamento de multa evidenciada em sede de pedido de tutela antecipada;

(5) seja condenada a devolver as quantias pagas maior em dobro, compensando-se em caso de eventual crédito remanescente em favor da empresa devedora, 1234 XXXX CALÇADOS LTDA.:

Pretendem os Embargantes a produção de todos os meios de provas admitidos em direito, notadamente juntada posterior de documentos como contraprova, sem prejuízo dos exames técnicos a serem acostados, perícia contábil (com ônus invertido), exibição de documentos pela Embargada, o que ora se requer.

2.2.1 CARACTERÍSTICA GERAL

Trata-se de um contrato de Cédula de Crédito Bancário – CCB, firmado em 04 de janeiro de 2012, com objetivo de liberar recursos em conta corrente, Adiantamento a Depositante, com Garantia da Cessão Fiduciária dos Direitos de Créditos, atuais e futuros, perante as Credenciadoras Mastercard, Mastercard Maestro, Redeshop, Dinners, Visa, Visa Electron e outras bandeiras processadas pelas Credenciadoras.

2.2.2 CARACTERÍSTICA ESPECÍFICA

Necessário se faz destacar e comentar de *per se*, alguns pontos e características deste desenrolar jurídico para clareza melhor entendimento e consenso:

– Da Cédula de Crédito Bancário – CCB – folhas 19 a 26.

Destacamos as principais condições e cláusulas:

3) Do Limite de Crédito Liberado:

A – Valor Total Aprovado R$ 226.000,00 (duzentos e vinte seis mil reais)

B – Vencimento 28/01/2012 com Renovação automática com Taxa de Juros equivalente, no máximo, a maior taxa informada pelo Banco Central, na data da renovação e permanecendo as demais Cláusulas da referida CCB

C – Taxa Juros 1,86% a.m. efetivo e 24,78% a.a.

D – Periodicidade da Capitalização – Mensal

4) Itens do Contrato:

Conforme Item 2 do contrato o Objetivo é conceder crédito rotativo na conta corrente de movimentação nº 10250-5, do cliente, até limite aprovado, com as garantias previstas.

Forma de cálculo dos encargos, com pagamentos mensais em todos os dias 29 de cada mês. Calculado com juros capitalizados e aplicados sobre a média dos valores utilizados no período de cálculo. Sendo, a média dos valores, a soma dos saldos devedores apurados em todos os dias úteis do período de cálculo dividido pelo número de dias úteis desse mesmo período.

Atraso de Pagamento e Multa Item 9 do contrato, Juros Moratórios de 12% ao ano mais comissão de permanência calculada à taxa de mercado do dia do pagamento. E no caso de processo judicial, em lugar da comissão de permanência será cobrada correção monetária (IGPM ou IGP-DI ou IPC) mais despesas de cobrança, custas e honorários advocatícios e multa de 2%.

3. CONCLUSÃO

O presente exame baseou-se apenas nos documentos que dos autos constam, tal como determinado pela r. decisão às fls. 289/291.

Este perito analisou o Contrato Cédula de Crédito Bancário 11406-916100015426 – CCB às fls. 19 a 26 (Processo de Execução), bem como os Extratos das contas corrente de movimentação nº 10250-5, às fls. 295/358 e contratual 01542-6, às fls. 96/110 (Processo de Execução). Para a elaboração das planilhas:

"PLANILHA CONTRATO 11406-916100015426 CCB" – Anexo I, onde constam as movimentações do período 12 de janeiro de 2012, data da primeira liberação de recursos até 17 de setembro de 2013, data da última cobrança dos encargos financeiros, constando todas as movimentações: Liberação de Recursos para a conta corrente nº 10250-5, as Amortizações ocorridas, o Juros cobrados na conta corrente nº 10250-5 e as cobranças dos IOF.

"PLANILHA RESUMO COBRANÇA DOS JUROS/CORREÇÃO E MULTA MORATÓRIOS CONTRATO 11406-916100015426 CCB" – Anexo II, constando o resumo por período de cobrança dos juros, onde pude apurar os Juros Praticados, que em sua maioria foram menores que o contratado, 1,862% a.m., a exceção dos períodos de 17/06/13 a 14/07/2013 taxa praticada 1,85% a.m., 15/07/13 a 31/07/13 taxa praticada 3,02% a.m., 01/08/13 a 01/09/13 taxa praticada 3,00% a.m. e 02/09/13 a 16/09/13 taxa praticada 3,46% a.m. E no último período 17/09/13 a 28/02/14, o Réu através do Demonstrativo de Débito, às fls. 111, apura o Saldo Devedor de R$ 246.039,82 (duzentos e quarenta e seis mil e trinta e nove reais e oitenta e dois centavos) para o dia 28/02/14, saldo este, calculado pela correção do IGPM no período de 164 mais Juros Moratórios de 1,00% ao mês, não ocorrendo a cobrança da Comissão de Permanência.

Observei também, no item 8.1 do contrato *"OS DEVEDORES SOLIDÁRIOS DESDE JÁ CONCORDAM COM A RENOVAÇÃO DO LIMITE DE CRÉDITO ATÉ O VALOR INDICADO NO SUBITEM 1.3 OU ATÉ O VALOR DE R$ 50.000,00 (CINQUENTA MIL REAIS), O QUE FOR MAIOR, E QUE OS VALORES UTILIZADOS APÓS A RENOVAÇÃO ESTEJAM SUJEITOS À TAXA DE JUROS EQUIVALENTE, NO MÁXIMO, A MAIOR TAXA INFORMADA PELO BANCO AO BANCO CENTRAL DO*

24 – Exemplos de Laudos Periciais   207

BRASIL, NA DATA DA RENOVAÇÃO, PARA OPERAÇÃO DESTA MESMA NATUREZA."

4. METODOLOGIA

Para elaborar este Laudo, a Perícia utilizou as informações constantes das cópias do contrato, documentos e planilhas acostadas aos autos processuais. Feitas às análises necessárias, e coletadas os elementos disponíveis e examinadas as questões controversas no feito.

5. RESPOTAS AOS QUESITOS FORMULADOS

Os textos dos quesitos formulados pelas Partes estão literalmente transcritos neste Laudo com os eventuais defeitos de linguagem que apresentam nas respectivas petições. Portanto, este Perito Judicial se responsabiliza pelas respostas técnicas a eles (quesitos) fornecidos, até o limite de seu entendimento lógico, decorrente de análise sintática aplicada, quando necessário, ao texto apresentado. Isto posto, seguem-se as respostas oferecidas aos quesitos formulados e pertinentes à perícia de natureza contábil.

Quesitos do Autor, às fls. 98/100 (Processo de Embargos):

Quais os pagamentos efetuados pelo autor, discriminando-os mês a mês, e indicando o seu montante;
Resposta: Este quesito está sendo atendido mediante o anexo I – "PLANILHA CONTRATO 11406-916100015426 CCB", que integra este Laudo Pericial Contábil, favor a gentileza de a ele reportar-se.

Quais foram os valores cobrados ao autor pela ré, discriminando-os mês a mês, e indicando o seu montante;
Resposta: Este quesito está sendo atendido mediante o anexo I – "PLANILHA CONTRATO 11406-916100015426 CCB", que integra este Laudo Pericial Contábil, favor a gentileza de a ele reportar-se.

Nos valores cobrados e pagos, indique o valor principal, da taxa de juros aplicada, das comissões, eventuais multas, encargos, taxas etc., discriminando-os mês a mês;
Resposta: Este quesito está sendo atendido mediante o anexo II – "PLANILHA RESUMO COBRANÇA DOS JUROS/CORREÇÃO E MULTA MORATÓRIOS

CONTRATO 11406-916100015426 CCB", que integra este Laudo Pericial Contábil, favor a gentileza de a ele reportar-se.

Qual a fórmula aplicada pela ré, para calcular os valores de que trata o quesito supra;

Resposta: Mensalmente, sobre o saldo médio dos valores utilizados, sendo a soma dos saldos devedores, apurados em todos os dias úteis do período do cálculo, dividido pelos números de dias úteis desse mesmo período, com juros capitalizados e com a periodicidade mensal. Utilizando a taxa indicada no contrato de 1,862% a.m. e 24,78% a.a. Não houve cobrança da Comissão de Abertura de Crédito, Atraso de Pagamento e Multa, de 12% a.a. de juros moratórios mais comissão de permanência calculada à taxa de mercado do dia do pagamento.

Foram feitas cobrança mensais cumulativas entre juros, taxas, comissões, encargos etc.? Quais os valores e taxas aplicadas?

Resposta: Só ocorreu acumulação da Correção Monetária (IGPM) com os Juros Moratórios, no período de 17 de setembro de 2013 a 28 de fevereiro de 2014, neste mesmo período não foram cobrados juros remuneratórios.

Verifica-se na cobrança mensal a presença de capitalização dos juros, ou seja, anatocismo?

Resposta: A cobrança dos juros foi capitalizada e com a periodicidade mensal.

Houve nos cálculos da cobrança mensal, flutuação das taxas e encargos financeiros? Em que patamar? Qual a fórmula aplicada? Em que se fundamentou tal flutuação?

Resposta: A resposta é positiva para a cobrança mensal com a taxa flutuando, quanto ao patamar, está sendo atendido mediante o anexo II – "PLANILHA RESUMO COBRANÇA DOS JUROS/CORREÇÃO E MULTA MORATÓRIOS CONTRATO 11406-916100015426 CCB", que integra este Laudo Pericial Contábil, favor a gentileza de a ele reportar-se. A fórmula aplicada foi mensalmente sobre o saldo médio dos valores utilizados, sendo a soma dos saldos devedores, apurados em todos os dias úteis do período do cálculo, dividido pelos números de dias úteis desse mesmo período, com juros capitalizados e com a periodicidade mensal. A flutuação das taxas está prevista no item 8.1 do contrato "OS DEVEDORES SOLIDÁRIOS DESDE JÁ CONCORDAM COM A RENOVAÇÃO DO LIMITE DE CRÉDITO ATÉ O VALOR INDICADO NO SUBITEM 1.3 OU ATÉ O VALOR DE R$ 50.000,00 (CINQUENTA MIL REAIS), O QUE FOR MAIOR, E QUE OS VALORES UTILIZADOS APÓS A RENOVAÇÃO ESTEJAM SUJEITOS À TAXA DE JUROS EQUIVALENTE, NO MÁXIMO, A MAIOR TAXA INFORMADA PELO BANCO AO BANCO CENTRAL DO BRASIL, NA DATA DA RENOVAÇÃO, PARA OPERAÇÃO DESTA MESMA NATUREZA."

24 – Exemplos de Laudos Periciais

Houve renegociação de dívida entre autor e réu? Se houve, cumulou nova taxa de juros? Em que patamar? Qual a fórmula aplicada para se chegar ao patamar eleito pela ré?
Resposta: Este perito não encontrou nos autos nenhum documento que comprove a renegociação de dívida.
Expurgando-se a capitalização de juros, cumulativamente entre estes, taxas, encargos, etc., e aplicados juros de 1% ao mês, qual seria a real dívida dou autor?
Resposta: Este quesito está sendo atendido mediante o anexo III – "PLANILHA COBRANÇA DOS JUROS SIMPLES 1% a.m./CORREÇÃO E MULTA MORATÓRIOS CONTRATO 11406-916100015426 CCB", que integra este Laudo Pericial Contábil, favor a gentileza de a ele reportar-se. Quanto como seria a real dívida do autor, esclareço que, no pagamento dos juros, nesta operação, não contempla amortização do saldo, o Saldo devedor fica inalterado.

Expurgando-se a capitalização de juros, cumulativamente entre estes, taxas, encargos etc., e aplicada a taxa SELIC, qual seria a real dívida do autor?
Resposta: Este quesito está sendo atendido mediante o anexo III – "PLANILHA COBRANÇA DOS JUROS SIMPLES TAXA SELIC/CORREÇÃO E MULTA MORATÓRIOS CONTRATO 11406-916100015426 CCB", que integra este Laudo Pericial Contábil, favor a gentileza de a ele reportar-se. Quanto como seria a real dívida do autor, esclareço que, no pagamento dos juros, nesta operação, não contempla amortização do saldo, o Saldo devedor fica inalterado.
Considerando resposta ao quesito nº 9, houve pagamento a maior pelo autor, considerando-se também a resposta do quesito 1? Qual o montante devidamente corrigido?
Resposta: Considerando a resposta do quesito nº 9, houve pagamento a maior pelo Autor e o montante devidamente corrigido, este quesito está sendo atendido mediante o anexo V – "PLANILHA DAS DIFERENÇAS DOS JUROS SIMPLES 1% a.m. / JUROS SIMPLES TAXA SELIC – CORRIGIDAS PELO IGPM ATÉ 28/02/2014", que integra este Laudo Pericial Contábil, favor a gentileza de a ele reportar-se.
12. Considerando a resposta encontrada pelo quesito de nº 10, houve pagamento a maior pelo autor em se considerando a resposta dada ao quesito de nº 1? Qual o montante devidamente corrigido?
Resposta: Considerando a resposta do quesito nº 10, houve pagamento a maior pelo Autor e o montante devidamente corrigido, este quesito está sendo atendido mediante o anexo V – "PLANILHA DAS DIFERENÇAS DOS JUROS SIMPLES 1% a.m. / JUROS SIMPLES TAXA SELIC – CORRIGIDAS PELO IGPM ATÉ 28/02/2014", que integra este Laudo Pericial Contábil, favor a gentileza de a ele reportar-se.

Queira o Sr. Perito informar tudo mais que entenda necessário, considerando-se a natureza da demanda e os termos da inicial.

Resposta: Nada mais há para ser informado por este auxiliar nesta prova pericial que seja adequado e conveniente para elucidação das matérias objeto desta ação.

Quesitos da Ré.
Não houve.

6. ENCERRAMENTO

Nada mais havendo a oferecer dá-se por concluído o presente LAUDO PERICIAL CONTÁBIL, composto de 10 (dez) folhas digitadas por processamento eletrônico de dados, de um só lado, todas rubricadas, com exceção desta que segue assinada para os devidos fins e mais 5 (cinco) ANEXOS, de números I a V, todos rubricados por este auxiliar e que integram esta prova pericial.

Rio de Janeiro-RJ, 30 de outubro de 2018.

José Henrique Campos
Perito Contador

LAUDO PERICIAL nº 8:

Exmo. Sr. Dr. Juiz de Direito da xxª Vara Cível da Comarca de Bom Jesus do Itabapoana/RJ

Processo nº: XXXXXXX-XX.XXXX.X.XX.XXXX

Ação: CUMPRIMENTO DE SENTENÇA – CORREÇÃO MONETÁRIA/VALOR DA EXECUÇÃO, CÁLCULO, ATUALIZAÇÃO/AÇÃO DE LIQUIDAÇÃO DE SENTENÇA POR ARBITRAGEM

Autor: XXXXXXXXXXXXX

Réu: XXXXXXXXXXXXX

BIANCA CRISTINA LIMA RIBEIRO DA SILVA, Contadora com CRC/RJ nº 098362/O-0, Perita Judicial nomeada às **fls. 195**, vem, mui respeitosamente à presença de V. Exa. para **APRESENTAR** o resultado de seu trabalho, nos termos do presente

LAUDO PERICIAL CONTÁBIL

para o qual requer sua juntada aos autos.

I – BREVE HISTÓRICO DESTE PROCESSO SEGUNDO ESCOPO DA PERÍCIA:

Trata-se de Ação de Cumprimento de Sentença, onde o Autor requer a aplicação dos expurgos inflacionários ocorridos em: janeiro de 1989 = 42,72%; março de 1990 = 30,46%; abril de 1990 = 44,80%; maio de 1990 = 2,36% e fevereiro de 1991 = 13,90%, ao saldo de suas cadernetas de poupança, com o acréscimo dos juros remuneratórios legais.

Às *fls. 87*, o Exmo. Juiz proferiu o despacho deferindo o pedido de gratuidade de justiça.

Devidamente citada, a parte Ré apresentou Exceção de Pré-Executividade às fls. 112/124, requerendo que fosse indeferida a inicial, com a consequente extinção do processo sem julgamento de mérito por: ilegitimidade ativa; da determinação do STF (sobrestamento dos feitos que envolvem o pagamento de correção monetária dos depósitos em caderneta de poupança – planos econômicos); inexigibilidade do título; ausência de documentos indispensáveis à propositura da ação; ausência de caução; ineficácia do título executado, que seja designado um perito oficial para a realização dos cálculos e que a autora seja condenada ao pagamento das custas processuais e honorários advocatícios, nos termos do artigo 20, do CPC.

Em sentença às *fls. 153/161*, foi rejeitada a exceção de pré- executividade apresentada pela parte Ré.

Em decisão de Agravo de Instrumento às *fls. 165/167v* foi determinada a prévia liquidação por arbitramento, observados os parâmetros supra.

II – OBJETO DA PERÍCIA:

A presente perícia se deu em atenção à decisão do Exmo. Juiz às *fls. 139*, sendo nomeada esta Perita Contábil para elaborar o Laudo Pericial, com objetivo de apurar os saldos das poupanças questionadas com a aplicação dos expurgos pleiteados (liquidação de sentença por arbitramento).

III – RESPONSABILIDADE PROFISSIONAL E METODOLOGIA DO TRABALHO:

1. A finalidade da prova pericial contábil é comunicar as partes interessadas, em linguagem simples, os fatos observados sob a ótica da Ciência Contábil, dentro de uma filosofia que permita aproveitar os fatos observados para o esclarecimento dos pontos dúbios e revelar a verdade que se quer conhecer.

2. Para a realização do presente trabalho, torna-se necessário inicialmente, discriminarmos quais as contas das poupanças relacionadas pelo Autor, os expurgos pleiteados e os saldos das poupanças discriminadas à época dos expurgos pleiteados.

Poupanças discriminadas na Inicial:

Citada no texto da inicial: 300.011.846-4;

Extratos juntados contas: 300.011.846-4 (fls. 20/21) e 110.011.340-X (fls. 22);

Cálculo Apresentado: 110.011.340-X (fls. 22), 300.011.846-4 (fls. 20/21) e 100.011.846-8.

Expurgos Pleiteados:

Janeiro a fevereiro/89 – 42,72%;

Março a abril/90 – 30,46%;

Abril a maio/90 – 44,80%;

Maio a junho/90 – 2,36%;

Fevereiro a março/91 – 13,90%;

Saldos das Poupanças à Época dos Expurgos Pleiteados:

300.011.846-4 – Foram apresentados extratos com primeiro saldo – 12/1988 e último 06/89;

Saldo Anterior ao Crédito de fev/89 = 31/12/1988 já convertido para moeda de janeiro/89: NCZ$ 1.216,08;

110.011.340-X – Foram apresentados extratos com primeiro saldo – 12/1988 e último 06/89;

Saldo Anterior ao Crédito de fev/89 = 31/12/1988 já convertido para a moeda de janeiro/89: NCZ$ 463,95;

24 – Exemplos de Laudos Periciais

Concluindo: Só temos diferença a ser apurada em ambas as cadernetas, relativas ao expurgo de janeiro/89, com a aplicação à diferença apurada, dos demais expurgos pleiteados.

Diante do exposto, apuraremos os expurgos sobre ambas as poupanças, deixando para o Emérito Magistrado decidir se: ambas as poupanças devem ser consideradas ou, se prevalece a poupança que teve o número discriminado na inicial textualmente, ou ainda, se prevalece a poupança do cálculo apresentado ou ambas).

Passamos então a apuração das diferenças dos expurgos no próximo item.

IV –APURAÇÃO DAS DIFERENÇAS RELATIVAS AOS EXPURGOS:

Cabe inicialmente esclarecer que para a apuração das diferenças pleiteadas, em verdade temos que verificar a diferença entre os índices pleiteados e os praticados pelo Banco, pois, o pleito efetivo é da parte expurgada dos índices que correspondem aos percentuais retirados dos percentuais aplicados. Por esta razão, o cálculo é da diferença.

Para o cálculo das diferenças relativas ao expurgo de janeiro/89 nas duas poupanças que detinham saldo nesta data, elaboramos os **ANEXOS 1 e 2** deste laudo, no qual discriminamos os cálculos realizados, chegando ao seguinte resumo:

QUADRO RESUMO

Conta nº 300.011.846-4				
Diferença referente ao Expurgo de JANEIRO/89 – Atual. Monet. p/ 10/06/2016 – Índices Poupança				R$ 3.620,07
Juros de Mora Apurados desde a Citação até 14/06/2016				R$ 8.014,84
				R$ 11.634,91
Conta nº 110.011.340-X				
Diferença referente ao Expurgo de JANEIRO/89 – Atual. Monet. p/ 10/06/2016 – Índices Poupança				R$ 1.414,68
Juros de Mora Apurados desde a Citação até 10/06/2016				R$ 3.133,98
VALOR TOTAL APURADO DE DIFERENÇA ACRESCIDA DE JUROS DE MORA PARA 14/06/2016				R$ 4.548,66
Total Apurado de Diferença Atualizada da Poupança p/ 06/2016				R$ 16.183,57

E assim, chegamos ao valor total das diferenças de expurgos apurados com base nos extratos apensados aos autos, de R$ 16.183,57, apurados para 06/2016.

Aplicamos no cálculo os rendimentos da poupança até 06/2016, o que inclui a correção e os juros que são praticados na poupança.

Cumpre observar que os juros de mora foram definidos na fundamentação do V. Acórdão, às *fls.166*, como aplicáveis a partir da citação na ação coletiva, que de acordo com o constante da inicial, ocorreu em 21/06/1993.

Depois de tudo devidamente examinado passa este signatário Perito a atender aos quesitos formulados pelas partes, na forma como adiante seguem transcritos e respondidos:

V – RESPOSTA AOS QUESITOS:

1. QUESITO DO AUTOR – fls. 16/17:

1 – Queira o Sr. Perito esclarecer quais as contas poupanças de titularidade do Autor existentes à época junto ao Banco Réu?

Resposta: Resta discriminado no corpo do laudo as poupanças identificadas nos autos, com saldo em janeiro/89, inclusive identificando às folhas dos autos onde encontram-se apensados os extratos.

2 – Queira o Sr. Perito esclarecer, qual a data da citação da ação civil pública ajuizada pelo Instituto Brasileiro de Defesa do Consumidor (Idec) contra o Banco do Brasil?

Resposta: A data da citação válida, de acordo com o constante da inicial, é 21/06/1993.

3 – Até a edição do Código Civil de 2002, os juros moratórios eram de 0,5% ao mês. Com o novo Código Civil, vigente a partir de fevereiro de 2003, os juros moratórios aplicáveis são de 1% ao mês, contados do mês seguinte á citação do banco. Considerando que o art. 405 do CC, em perfeita harmonia com o art. 219 do CPC, que diz que os juros de mora contam-se a partir da CITAÇÃO e sendo que CITAÇÃO só ocorre uma vez no processo para a formação da relação processual, qual o percentual de juros que de-

verá ser aplicado, desde a data da citação (21/06/1993) até a presente data?;

Resposta: Consta do corpo do laudo e discriminado nos **ANEXOS 1 e 2** deste laudo o valor dos juros de mora apurado.

4 – Queira o Sr. Perito esclarecer, de acordo com os Comunicados do BACEN 2.038/1990, 2.067/90, 2.090/90, 2.112/90, Circulares do BACEN nº 1.655/90, 1.733/90, MP-168 convertida na Lei 8.024/90, e Lei 8.088/1990, é devida a incidência do IPC/IBGE como indexador da correção monetária, nos meses de março, abril e maio de 1990 (Plano Collor I)? Justifique.

Resposta: Trata-se de matéria de mérito, não cabendo à perícia determinar a aplicação ou justificá-la, mas tão somente executar os cálculos terminados nas decisões prolatadas.

5 – Queira o Sr. Perito esclarecer, se os valores devidos aos meses de março, abril e maio de 1990 são, respectivamente, 84,32%, 44,80% e 7,87%? Justifique.

Resposta: A decisão ora liquidada, traz em seu texto especificamente: "... Outros expurgos inflacionários deverão ser excluídos dos cálculos, tendo em vista os limites objetivos da coisa julgada".

O Autor requer nos pedidos constantes da inicial:
"... f) a expressa determinação do MM Juiz da Vara, para que se considerem os fatores a seguir, já calculados pelo autor em sua planilha anexa: Janeiro de 1989 = 42,72%; Março de 1990 = 30,46%; Abril de 1990 = 44,80%; Maio de 1990 = 2,36% e Fevereiro de 1991 = 13,90%;".

Ocorre que não consta dos autos, salvo melhor juízo, a expressa determinação do Juízo.

Assim sendo, a perícia limitou-se a liquidar a decisão proferida em seus exatos termos.

6 – Queira o Sr. Perito informar em qual estado se processou e julgou a ação civil pública promovida pelo IDEC em face ao banco, ora executado, e se a tabela de atualização deste estado contempla todos os expurgos posteriores a janeiro de 1989

conforme demonstrado no cálculo do autor apresentado juntamente com a inicial?

Resposta: A ação foi processada de acordo com a inicial na 6ª. Vara de Fazenda Pública de São Paulo.

Quanto ao reconhecimento dos expurgos, não sabemos informar as bases da tabela de correção do Estado de São Paulo e, conforme já colocado, a inclusão dos expurgos, depende de determinação do Emérito Magistrado.

Neste ato estamos liquidando a sentença prolatada nos exatos termos constantes da mesma.

7 – Queria o Sr. Perito esclarecer, de acordo com os comunicados 2.228, 2.293, 2.297 e 2.308 do BACEN, MP-294 e Lei 8.177/91, é devida a incidência do IPC/IBGE (21,87%) como indexador da correção monetária, no mês de fevereiro de 1991 (Plano Collor II)?

Resposta: Reportamo-nos às respostas aos quesitos imediatamente precedentes.

8 – Queria o Sr. Perito esclarecer, se o cálculo deve considerar conjuntamente, a correção monetária e os juros remuneratórios de 0,5% (meio ponto percentual) creditados no aniversário das contas da caderneta de poupança?

Resposta: Os cálculos ora executados, conforme determinado na sentença em liquidação considerou o índice de remuneração da poupança, que inclui correção e juros.

9 – Queria o Senhor Perito apurar com conformidade com as respostas aos quesitos anteriores, a existência de diferença à favor do autor, a partir de janeiro de 1989 até a presente data, demonstrando a evolução do valor, mês a mês, do crédito contido no extratos do autor.

Resposta: Atendido nos **ANEXOS 1 e 2** deste laudo.

10 – Queria o Sr. Perito esclarecer qual a diferença entre os juros remuneratórios

aplicados nas contas de poupança e juros moratórios?

Resposta: Os juros remuneratórios visam remunerar o valor aplicado e os juros moratórios correspondem a penalidade.

2. **QUESITO DO RÉU – FLS. 196/197:**

1 – Queria o Ilustre Perito informar se os contratos realizados entre as partes são regulares;

Resposta: Não há contratos nos autos em questão.

2 – Queria o Ilustre Perito informar se há algum saldo credor em favor da parte Autora referente ao Plano Econômico pleiteado;

Resposta: Sim, conforme discriminado nos ANEXOS 1 e 2 deste laudo.

3 – Queria o Ilustre Perito informar se as aplicações realizadas pelo banco réu respeitaram as regras/normas do sistema financeiro da época;

Resposta: Não cabe na liquidação de sentença discutir o direito já julgado, estando o questionado fora do objeto desta perícia.

4 – Queria o Ilustre Perito informar qual era o índice aplicado à época;

Resposta: Reportamo-nos a resposta ao quesito precedente.

5 – Queria o Ilustre Perito informar se os índices aplicados pelo banco, no período estavam em obediência à lei federal;

Resposta: Reportamo-nos a resposta ao quesito 3 desta série.

6 – Queria o Ilustre Perito informar se o banco réu pode mudar as regras do sistema financeiro ou se o mesmo era submete a elas;

Resposta: Reportamo-nos a resposta ao quesito 3 desta série.

7 – Que o Ilustre Expert passe a tecer breves comentários e considerações a respeito da validade e autenticidade das operações financeiras realizadas entre as partes;

Resposta: Reportamo-nos a resposta ao quesito 3 desta série.

VI – CONCLUSÕES MATEMÁTICAS ALCANÇADAS:
Diante do exposto no corpo do Laudo Pericial, procedendo-se os cálculos dos expurgos pleiteados pelo Autor, nos saldos apensados aos autos, chegamos as seguintes quantias, apuradas para junho/2016, conforme discriminado nos **ANEXOS 1 e 2** do Laudo Pericial:

QUADRO RESUMO

Conta nº 300.011.846-4	
Diferença referente ao Expurgo de JANEIRO/89 – Atual. Monet. p/ 10/06/2016 – Índices Poupança	R$ 3.620,07
Juros de Mora Apurados desde a Citação até 14/06/2016	R$ 8.014,84
	R$ 11.634,91
Conta nº 110.011.340-X	
Diferença referente ao Expurgo de JANEIRO/89 – Atual. Monet. p/ 10/06/2016 – Índices Poupança	R$ 1.414,68
Juros de Mora Apurados desde a Citação até 10/06/2016	R$ 3.133,98
VALOR TOTAL APURADO DE DIFERENÇA ACRESCIDA DE JUROS DE MORA PARA 14/06/2016	R$ 4.548,66
Total Apurado de Diferença Atualizada da Poupança p/ 06/2016	R$ 16.183,57

VII – TERMO DE ENCERRAMENTO:
E assim, nada mais havendo a considerar, encerro o presente Laudo Pericial, constituído de 12 (doze) laudas de um só lado e com 02 (dois) anexos, que segue assinado, para que produza os legais efeitos.

Termos em que
Pede Deferimento
Rio de Janeiro, 11 de maio de 2016

Bianca Cristina Lima Ribeiro da Silva

Perita Judicial